本書に下記のように誤りがありました。ここに深くお詫びし、訂正させていただきます。

◎ 16 頁 写真 2.1 と 106 頁 写真 m22.2 に誤りがありました。
正しくは以下の写真です。

◎ 76 頁 地図 3.5 （誤）羽根川 →（正）根羽川
◎ 95 頁 地図 3.7 （誤）池口山 →（正）池口岳
◎ 98 頁 5 行目 ルビ：（誤）神坂峠（かみさかとうげ）
→（正）神坂峠（みさかとうげ）

名古屋からの山岳展望

横田和憲
Kazunori Yokota

風媒社

はじめに

遠くの山がきれいに見えると気持ちいいですよね。

冬、青空をバックに雪をかぶった白い稜線の山がくっきり見えます。夏、山紫水明。遠くの山ほど淡い紫になって、やがて空に溶けていきます。でも、手前の山ほど濃く、稜線の重なりもちゃんとわかります。朝焼けや夕焼け。逆光に山の稜線が浮かび上がり、今まで気がつかなかった山並みに気がつくこともあります。

通勤・通学途中に、その見え方で今日の天気がわかっちゃうような山もあります。

名古屋周辺にはたくさんの山があります。その山々の名前を知っていますか?

いつも見えている山があるけど名前は知らない、という人も多いと思います。でもすべてを知っている必要はありません。

「知っておくべき山はどの山か?」「どういう山か?」がわかると、日々の景色の楽しみがちょっと深くなります。

本書は名古屋から見たい山を23組に絞って紹介していきます。

読み進むうちに「いつも見えていたのは、この山だったんだ!」って気

がつかれる場合もあるでしょう。

「日本百名山」のうち8座は、名古屋市街地から見ることができます。南知多へ出かければ、富士山だって見られます。

日本の地図や山岳展望の第一人者であった故・田代博氏は、「名古屋も望岳都である」（田代博『山岳展望の楽しみ方』山と渓谷社）と書いています。

また、きれいに見える山には地形的な特徴があります。川の流れと密接に関係しているのですが、それがわかると山の景観をシンプルに整理できます。

本書は「登山ガイド」ではありません。あくまで「見るだけのガイド」です。歩いて行ける、または車で行ける場所しか紹介していません。

もちろん興味を持ったら登ってみるのもいいです。なかには「もうどの山も登ったことあるよ」なんて方もみえるでしょう。そんな方にも山の「よもやま話」として楽しく読んでもらえると思います。

「よもやま話」を漢字で書くと「四方山話」です。本書はまさに「四方山話」です。

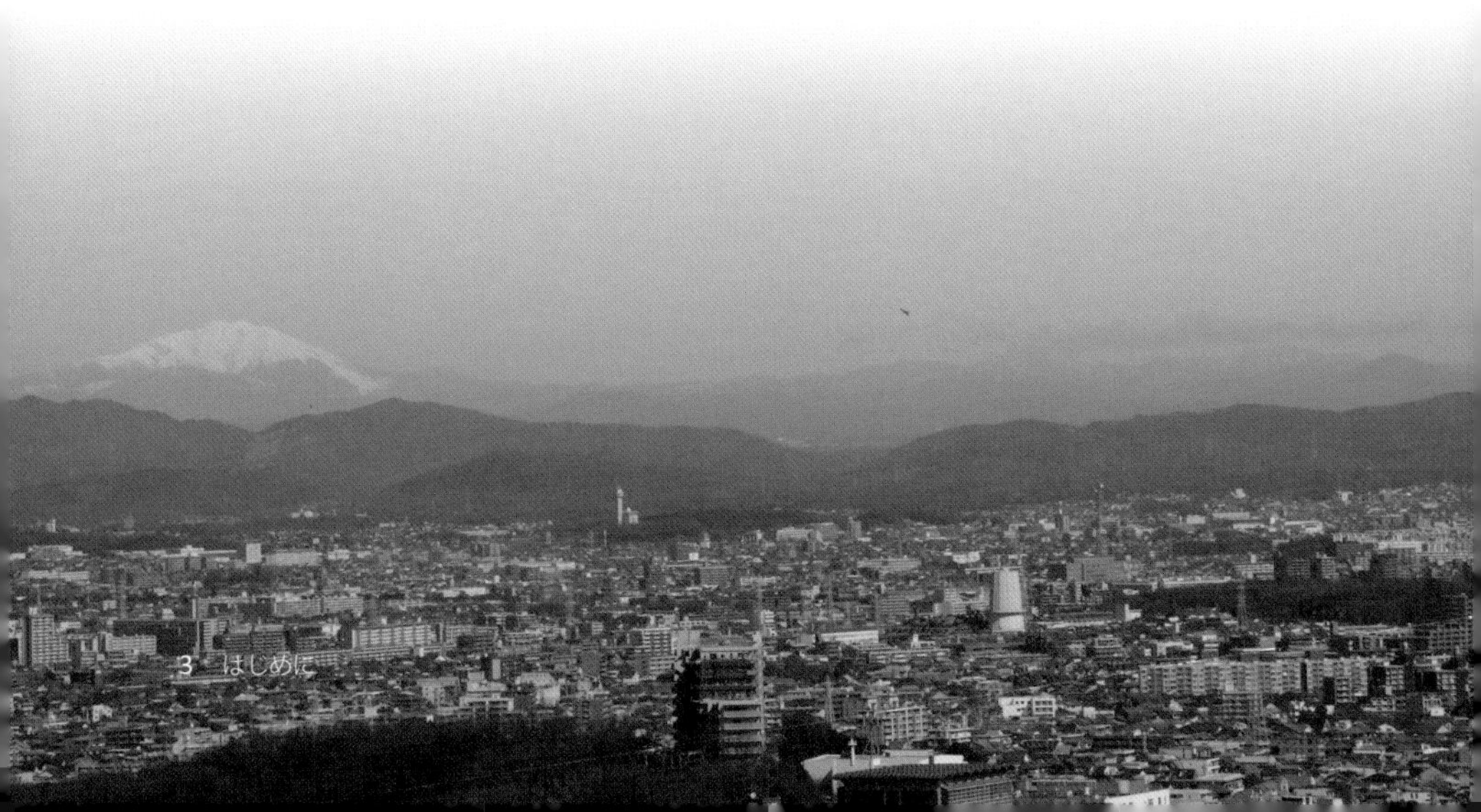

『名古屋からの山岳展望』◇目次

1 山を見るための基礎知識

1. 地平線とスカイライン

地平線ってどこにあるの?

地球は丸い球なので、目線が遠くの方で地表に接し、その向こうは見えなくなります。その境目が地平線(水平線)です。

昭和のヒット曲に、久保田早紀の「異邦人 ―シルクロードのテーマ」という曲があります。そこに、

♪ 空と大地が　ふれ合う彼方　過去からの旅人を呼んでる道 ♪

という一節があります。この「空と大地がふれ合う彼方」が地平線です。

では実際にどのくらい彼方にあるのでしょうか? これが意外にすぐ近くで驚きます。

地上の人の目の高さ(1.5m)から見た地平線は、ほんの4.4km先なのです。名古屋駅から千種駅くらい。東山公園は、もう地平線のはるか彼方です。

したがって10分前(過去)に地下鉄で名古屋駅を出発した旅人は、今はもう地平線を越えているかもしれません。

なお、目の高さと地平線までの距離の計算方法は、展望台の高さと地平線までの距離の補足説明(表1・1)に記します。

地平線の向こうは見えない そして景色はワープする

名古屋近郊には建物にさえぎられない単純な地平線が見える場所がないので、伊勢湾をはさんだ水平線で見てみます。

写真1・1は、知多半島・美浜町の堤防道路から北北西方向を撮ったものです。伊勢湾の向こうに見えるのは桑名方面。その遠くで雪を被った山は左から鈴鹿山脈の竜ヶ岳《りゅうがだけ》、藤《ふじ》原岳《わらだけ》。写真右端は養老山地の上に見える伊吹山《いぶきやま》です。図1・1と合わせて見てください。

水平線……目の高さを海抜8mとすると、水平線は10km先になります。伊勢湾の真っただ中です。目線が高いほど地平線は遠くなります。

水平線のすぐ上の景色……桑名方面の工場です。美浜町からは30km離れています。10km先の水平線から、

1.1　美浜町から北北西方向（桑名方面）

1.3　ＪＥＲＡ川越発電所
（写真提供：株式会社ＪＥＲＡ）

1.2　拡大写真

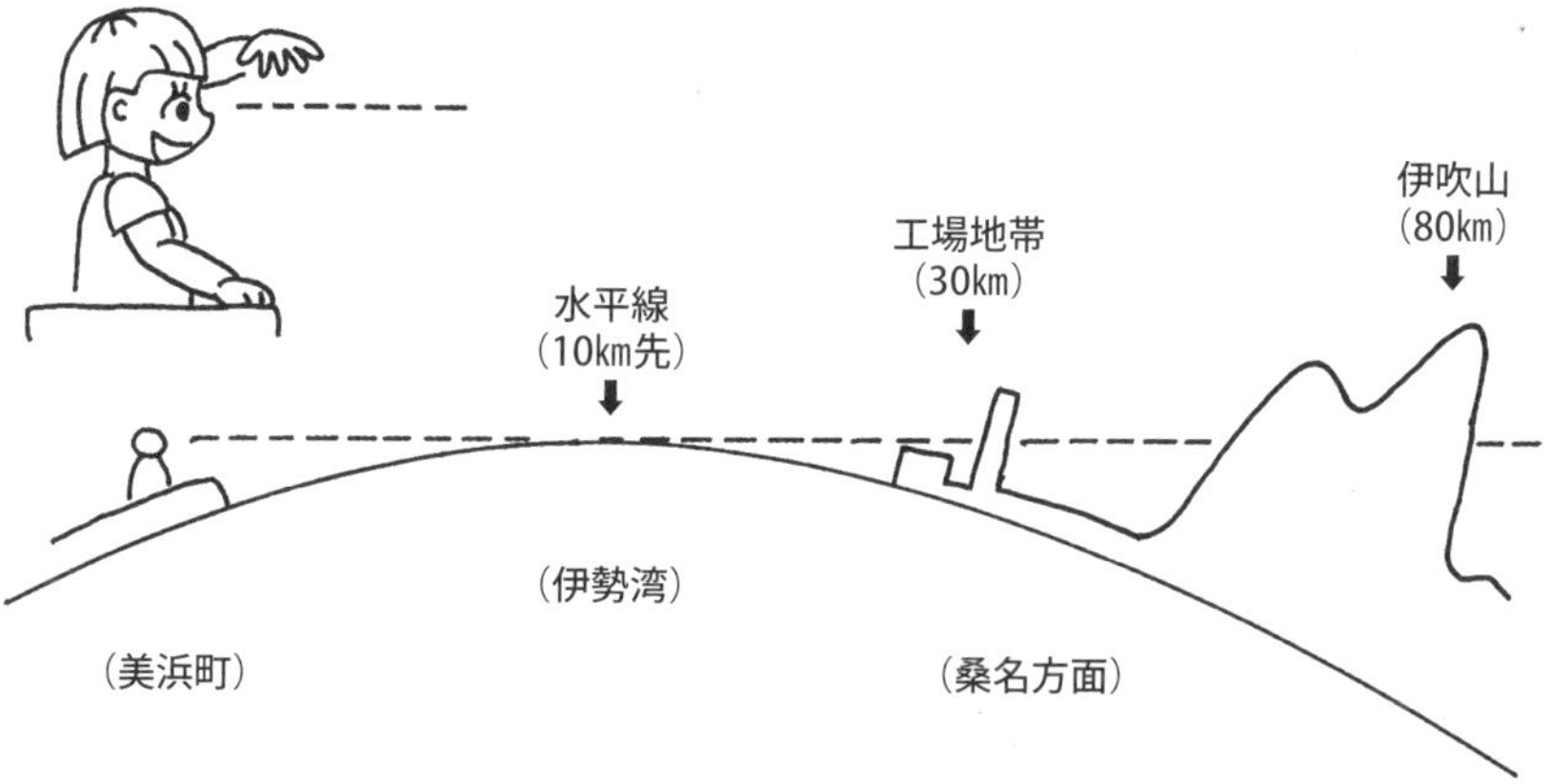

図 1.1　美浜町からの桑名方面（イメージ図）

一気に30km先までワープするのです。

写真1・1の右の方の拡大写真が1・2です。海岸に見えるのはJERA川越発電所の煙突です。左側の煙突の「横のフレーム」は6段見えます。

でも実際の発電所の煙突は写真1・3です。逆方向からの写真なので右側の煙突になります。「横のフレーム」は7段あります。下の1段分は、地平線に沈んで見えないのです。またもう一つの煙突の前にある白い建物も見えません。これも地平線に沈んでいます。

スカイライン

スカイラインを辞書で引くと、

・地平線
・空を山や大地が区切る輪郭

と両方書かれていますが、本書では、後者の意味で使います。

写真1・1の右側は、養老山地の稜線に伊吹山の稜線が重なります。したがってスカイラインとしては、左から養老山地～伊吹山～養老山地と続きます。美浜町から水平線までは10kmですが、養老山地は50km、伊吹山は80km離れています。

スカイラインは必ず地平線より上にあり、地平線より遠くてもくっきり見えるのです。

展望台の高さと地平線までの距離

見る人の目線が高くなれば、地平線も遠くになります。高い展望台ほど遠くまで見えますが、数字的にどのくらいなのかを覚えておきましょう。（表1・1）

「20mは6階建てのビルの屋上くらい」「100mは中部電力 MIRAI TOWER（以下、名古屋テレビ塔）の展望台くらい」「200mは名駅前ミッドランドスクエア・スカイプロ

地平線までの距離（km）	展望台の高さ（m）
8	5
11	10
16	20
25	50
36	100
50	200
80	500
113	1000
160	2000
⋮	⋮
220	3776

表 1.1
（地平線までの距離）≒√（2×（展望台の高さ）×（地球の半径））（単位km）。地球の半径は 6,366km とします。

ムナード、東山スカイタワー、瀬戸市定光寺野外活動センター」などです。

　最後の高さ３７７６ｍは、富士山の高さです。富士山から見た地平線は２２０㎞先です。

　逆に２２０㎞以上離れた地上からは、富士山は見えなくなります。地平線に沈むということです。

　伊勢の二見ヶ浦《ふたみがうら》は、なんとか見える距離（２００㎞）です。知多半島の先端（１７５㎞）でも見ることができます。

2. 太陽の大きさと山の大きさ

　太陽の大きさを知っていますか？太陽の直径は１３９万２０００㎞、地球の１０９倍ですが、ここで聞きたいのは実際の大きさではなく、**見た目の大きさ**です。

「じゃあ、10円玉くらい？」

おしいですね。正しくは、「10円玉を２・７ｍ先に置いたときの大きさ」です。

太陽の視直径

見た目の大きさは、実際の大きさと距離で決まります。つまり「角度」（視直径）です。

　計算式は、

［角度］＝arctan（［実際の大きさ］／［距離］）

です。

　10円玉の大きさ、２３・５㎜（０・０２３５ｍ）を入れて計算すると、角度は０・４９８度になります。約０・５度です。

　太陽は大きいですが、地球と太陽との距離もすごく遠いので、視直径は２・７ｍ先の10円玉とだいたい同じになります。

　10円玉の方が、イメージが湧きますよね？

　天文学では「太陽の視直径は０・５度」と言います。

　ここで書きたかったのは、日の出や日没は「太陽の大きさと山の大きさを直接比べられる瞬間」ということです。

　写真１・４は八事付近のビルから撮った日の出です。手前の暗い稜線

1.4　聖岳からの日の出（八事付近のビルから）

は猿投山から続く稜線です。その向こうの淡い稜線は南アルプスの赤石《あかいし》岳《だけ》と聖岳《ひじりだけ》です。

聖岳の右肩から太陽が上る瞬間です。聖岳は太陽と同じくらいの大きさ（0・5度）ですね。また赤石岳との間隔が2度くらいなのもわかります。

名古屋市内から見れば、伊吹山の大きさは1・7度、能郷白山《のうごうはくさん》は2・3度もあります。本書で紹介する山は、肉眼でも十分見られる大きさです。

3. 山の探し方

○○山は、どこに見えるの？

まず目立つ山を一つ覚えてください。人に尋ねても写真でも地図でも、どんな方法でもいいです。

次に、その覚えた山を頼りに目的の山を探します。でも「あの山のちょっと右」はダメです。「あなたのちょっと」と「私のちょっと」は違います。

そこで覚えた山からの角度でおよその見当をつけます。「角度」と聞いて小学校で使った分度器を思い浮かべて、「めんどくさそう～」って思わないでください。簡単な方法があります。

手のひら「パー」で角度がわかる

腕を前に水平に伸ばして手の平を下にして「パー」を出します（図1・2）。

その親指の先から小指の先までが、**約20度**です。指と指の間隔が**約5度**になります。そのくらいの「だいたいさ加減」で大丈夫です。

そしてこれを5回繰り返すと、5回目の中指あたりが90度（20×4＋5×2＝90）になります。90度は部

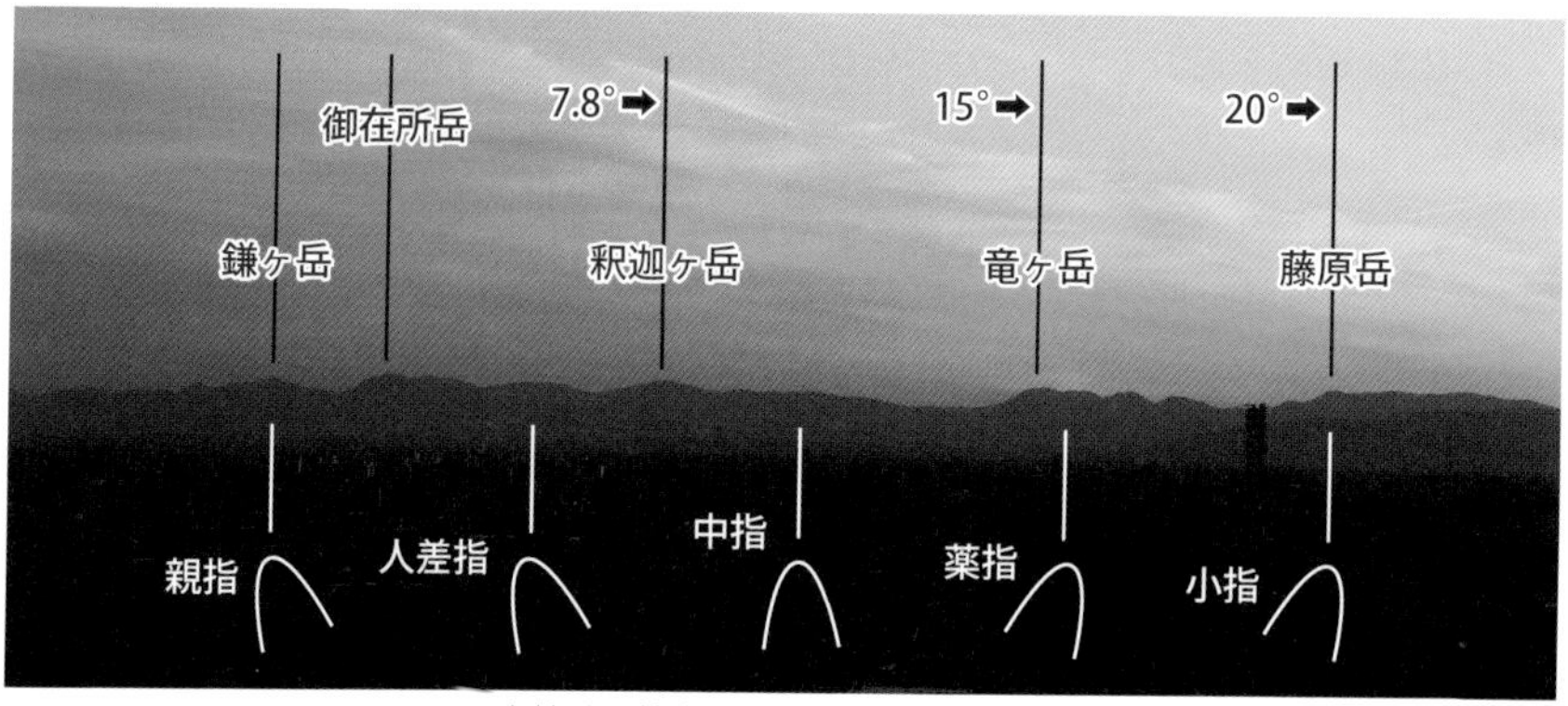

1.5　夕焼けの鈴鹿山脈（八事付近のビルから）

屋の中でも街中でも簡単に確認できます。何回かやってみて指の開き具合を調整してください。

写真1・5は、八事付近のビルの上から撮った夕焼けの鈴鹿山脈です。

鈴鹿山脈で覚えやすいのは、先の尖った鎌ヶ岳《かまがだけ》と直線的なV字谷と御《ご》在所岳《ざいしょだけ》です。これを「二つセット」で覚えましょう。

尖った鎌ヶ岳の右20度（パー1回）が藤原岳です。鎌ヶ岳に右手親指を合わせれば、小指の先が藤原岳です。

また鎌ヶ岳の7・8度右が釈迦ヶ《しゃかが》岳《だけ》です。人差指と中指の間です。薬指の先は竜ヶ岳になります。

簡単でしょ？これで準備万端です。

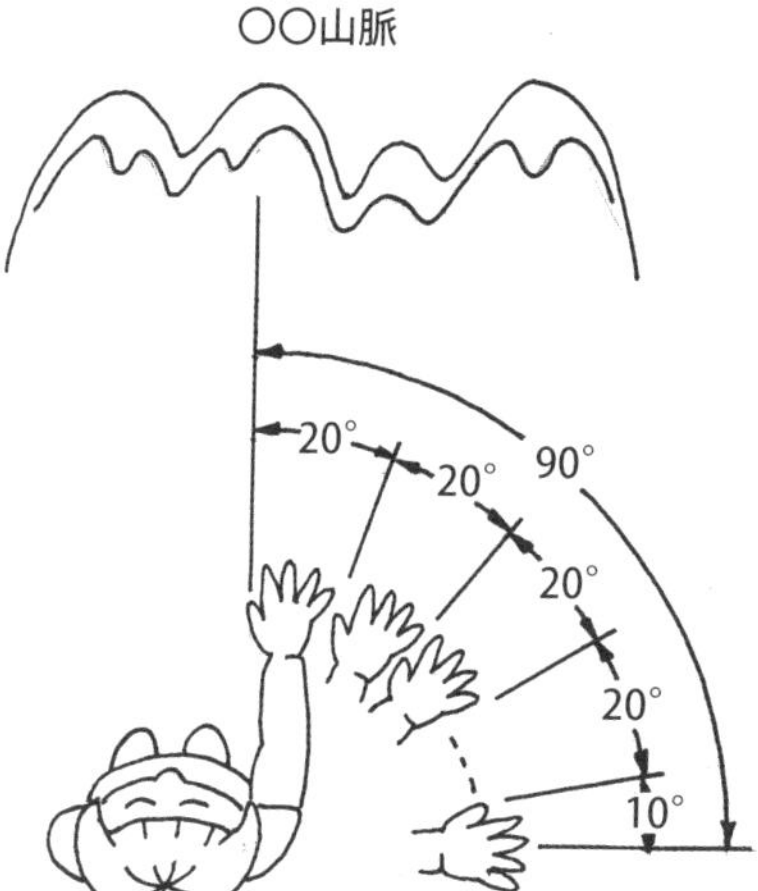

図 1.2　手のひらパーで角度がわかる

1.6　ＡＲ山ナビ「地形モード」の鈴鹿山脈

スマホアプリを使う

「ＡＲ山ナビ」というスマホアプリを使います。「地形モード」と「ＡＲモード」というのがあります。「地形モード」では、人工衛星で取得したデータによる３Ｄ画像と山名を見て確認できます。これは曇って山が見えなくても、部屋の中でもできます。

　さきほどの鈴鹿山脈を、八事から地形モードで見たのが写真１・６です。写真１・５より少し左側になりました。

　最初に確認するのは、「二つセットの山」鎌ヶ岳とＶ字谷の右の御在所岳です。その山名表示は写真１・５に合っていますね。釈迦ヶ岳も表示されています。またスカイラインに頭が出ていない低い山（尾高山、福王山）の名も表示されています。

「ＡＲモード」では、スマホのカメラを山に向けると実際の風景に山の名前と稜線のトレースが合わせて表示されます。稜線のトレース表示が実際に見えている山とズレていたら、トレースをずらして実際の山の画像に合わせればＯＫです。

　このＡＲモードで養老山地を撮ったのが写真１・７です。撮影場所は岐阜県海津市の道の駅・クレール平田です。ここにはスマホ画面を見ていた時に出ていた稜線トレースは記録しませんでした。

　笙ヶ岳《しょうがたけ》（９０８ｍ）は養老山地の最高峰です。頭が尖って右側の稜線が直線的で長いのが特徴です。

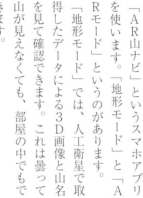

　普通のカメラで撮った写真を見てみましょう。写真１・８は道の駅の少し南側の堤防道路で撮ったものです。稜線を見ていくと、矢印（↓）の山が笙ヶ岳だとわかります。

　ただ注意点もあります。このアプリは近くにある山や単純な状況ほど

1.7　ＡＲ山ナビ「ＡＲモード」の養老山地

1.8　長良川堤防道路からの養老山地

使いやすいです。しかし遠くの山の場合には多くの山名が表示されて、実際に見える山なのか見えないけど（同じ方向なので）表示されているのか、悩む場合もあります。

　また理論上は見える山であっても、肉眼ではある程度の大きさでないとわかりません。天候にも左右されます。

　ＡＲ山ナビは国土地理院の地形図をもとに山名が記載されています。でも国土地理院の地形図には、三角点はあっても山名が記載されていないピークもたくさんあります。本書で出てくる鈴鹿山脈のイブネ（１１６０ｍ）や恩田《おんだ》大川入山《おおかわいりやま》（１９２１ｍ）もそうです。したがって、ＡＲ山ナビにも山名は表示されません（一部表示される山もあります）。

　これらのことに注意しながら、「ＡＲ山ナビ」をご覧になれば大丈夫でしょう。

蜃気楼

死ぬまでに一度は見てみたい自然現象が三つあります。

①皆既日食（金環日食）

２０１２年5月21日、名古屋でも金環日食を見ることができました。これはクリア♪

次回は２０３０年6月1日、北海道で金環日食が見られるそうです。

②オーロラ

北欧やカナダへ行って、運がよければ見られるらしい。でも私は運もお金もないので諦めています。「諦めるという境地」になれば、別に何とも思いません（仏教の教え?・?・）。

③蜃気楼

富山湾の蜃気楼が有名ですね。

蜃気楼とは、「地表の空気と上層の空気との温度差で光が屈折して起こる」ものだそうです。

富山湾の蜃気楼（写真提供：PIXTA）

蜃気楼には２種類あって、

下位蜃気楼……地表の温度の方が高い時、地平線より下（手前）に見える。いわゆる「逃げ水」ですね。これは真夏の道路でたまに見えます。

上位蜃気楼……地表の温度の方が低い時、地平線より上に見える。遠方の景色が上に伸びたり反転したりする。富山湾のはコレですね。

その発生条件を見ると、伊勢湾でも十分見られそうです。

伊勢湾で撮った写真１・１（8頁）をよく見ると、煙突の6段目から下は少し間延びしています。蜃気楼の出来始めです。もう少し温度差があれば、もっと上に伸びたことでしょう。

蜃気楼を見ることは意外にハードルが低そうですね。特に伊勢湾周辺の人にはチャンスが多そうです。桑名市では「蜃気楼を見るイベント」も開催されているようです。

煙突の下部が伸びて見える（伊勢湾）

山をきれいに見る方法

2.1　小渋川「窓」から見える南アルプス・赤石岳

山をきれいに見るには、見たい山の前にある障害物をいかに避けるかに尽きます。

一番やっかいな障害物は、「見たい山の手前にある山」です。それをうまく避けることが山をきれいに見るコツ（方法）になります。

1. 源流の山を下流方向から見る

川は蛇行していますが、大きく捉えれば、ほぼ真っすぐ流れています。

したがって、その下流方向から見ると、「源流の山」の前だけ「手前にある山」がなくきれいに見えるのです。

その例を紹介します。写真２・１は、長野県・飯島町から見た南アルプス・赤石岳《あかいしだけ》です。

南アルプスの手前には伊那山地が横たわっていて、上の方しか見えない山も多いです。でも赤石岳の前だけは伊那山地が大きなＶ字谷になっています。

赤石岳からは、小渋川《こしぶがわ》が飯島町（厳密には中川村）に向かってほぼ真っすぐ流れてきて天竜川に合流します。

したがって、この方向から見る赤石岳はＶ字谷の正面になって、きれいにまた大きく見えるのです。

この景観を「**小渋川の『窓』から赤石岳が見える**」といいます。

川がつくりだす「窓」に注目しま

しょう。本書で紹介している23組の山のうち10組がそれに該当します。けっこう多いでしょ?

2. 遠くから見る

遠くから見ることは展望台に上って見る以上の効果があります。

図2・1に簡単な平面モデル図を示します。見たい山の手前に山があります。観測点はA〜Dの4地点です。

順に見ていきますと、

・A地点(地上)から……見たい山は見えない。

・B地点(A地点の展望台)から……見たい山の頂上から、B′までの山肌が見える。

・C地点(Bの延長線の地上へ遠ざかる)から……B地点と同じ見え方です。

・D地点(さらに遠くの地上)から……見たい山のさらに下、D′までの山肌が見える。

遠くから見ることの効果がわかりますね。

具体的な例で見てみましょう。名古屋から見ると恵那山《えなさん》の手前に三国山《みくにやま》があります。(66頁、地図3・4参照)

写真2・2は東山スカイタワーから撮った写真です。三国山から、23km離れています。恵那山は三国山に隠されて、頂上付近しか見えません。

写真2・3は日光川河口からです。三国山から40km離れています。堤防なので少し高いですが、展望台ではなく地上です。

恵那山から大川入山へ続く稜線、さらにその先まで見えています。山肌が下の方まで見えているのがわかりますね。「遠くから見る」ことの

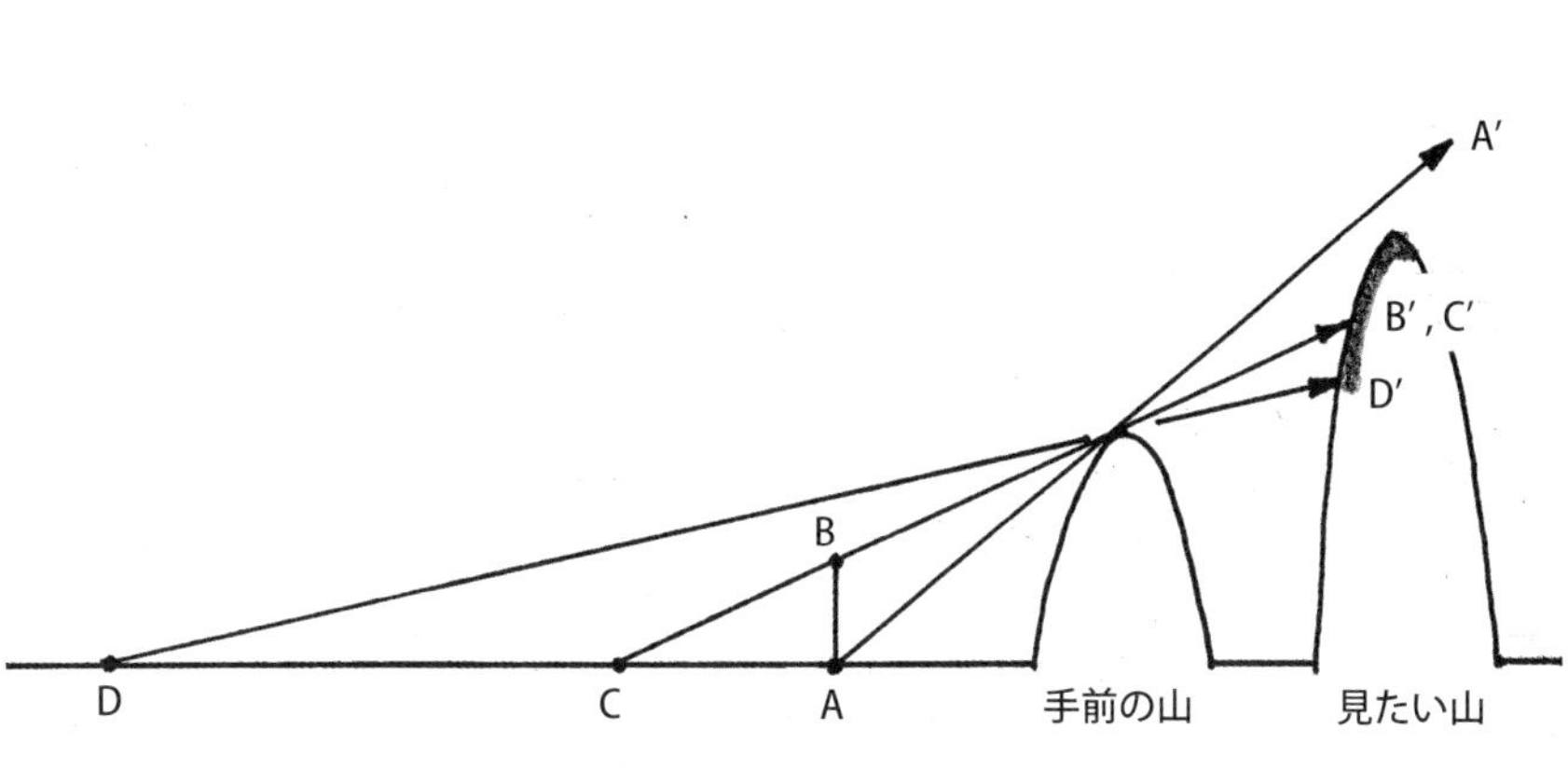

図2.1　遠くから見る効果

効果です。

　また、これは日光川《にっこうがわ》河口（飛島村）から撮った写真を拡大（写真2・4）して見れば一目瞭然です。

　そこには東山スカイタワーも映っています。その位置は三国山の稜線より下なのです。

　逆にもし三国山の稜線の上に東山スカイタワーが見えていれば、東山スカイタワーからの方がよく見えているということになります。

　ただ恵那山についていえば、三国山が手前にならない場所（西三河方面）から見た方がいいですね。その方が単純にきれいに見られます。

　でも手前の山を避けられない場合は、遠くから見た方がきれいに見えます。名古屋から遠くの中央アルプスや南アルプスの赤石岳、聖岳が見えるのも、遠いからこそ（手前の山を避けて）見られるのです。

2.2　東山スカイタワーからの恵那山（中央）

2.3　日光川河口からの恵那山（左）

2.4　拡大写真

3 名古屋から見える山・見たい山

名古屋から見える山や、ちょっと車で足を伸ばしても見たい山を紹介します。登山はしません。街中やドライブ先から見られる山々です。

全体の構成は、

・名古屋（および近郊）から見える山を方角で分けています。以降、ちょっと出かけます。

・西三河（みよし市、刈谷市方面）からきれいに見える恵那山など。

・知多半島先端から見える富士山。

・国道153号を走って長野県南端の展望スポットから、南アルプス全景を見ます。伊那谷に入ると（近づきすぎると）逆に全景は見えなくなるのです。

・中央道を走って、南信州・伊那谷から見たい山。中央アルプス、南アルプスの個々の山を間近に見ていきます。

それぞれの山については①見つけ方、②どんな山か？を基本に紹介します。

3-1 北東方向の山々（木曽川源流の山々）

北東方向の山々を地図3・1に示します。一般の地図と違って、山と川がメインで道路は書いていません。

左下が名古屋です。地図3・1を見て想像してください。道路は川に沿って走っています。国道19号は庄内川に沿って走ったあと、恵那からは木曽川に沿って走り鳥居峠を越えます。国道41号は、飛騨川に沿って走り高山へ向かいます。

木曽川の上流は、名古屋の方に向かって流れてきます。また庄内川も名古屋の方に向かっています。そのため名古屋の方向に向かって大きな「窓」があり中央アルプスは名古屋からよく見えます。

木曽川上流が名古屋よりほんの少しだけ東の方へ流れているのがラッキーでした。中央アルプス全景をコンパクトに見られます。

もし名古屋よりほんの少し西の方へ流れていたら、中央アルプスは全く見えなかったことでしょう。

飛騨川の支流・白川も名古屋の方に向かって流れています。したがって、その先にある小秀山《こひでやま》も名古屋から見えます。

飛騨川は御嶽山《おんたけさん》の西を流れ、その源流は乗鞍岳《のりくらだけ》です。乗鞍岳もちらっと見えます。

木曽川の支流に付知川《つけちがわ》があります。付知川の向こうが奥三界岳《おくさんかいだけ》です。笠置山《かさぎやま》も出てきます。

鳥居峠（トンネル）

木曽川源流の村は長野県木祖村《きそむら》です。鳥居峠はトンネルで抜けられます。その向こうの奈良井宿《ならいじゅく》は、もう塩尻市です。

奈良井川は犀川《さいがわ》に合流し、最後は信濃川となって日本海に注ぎます。つまり鳥居峠は日本の分水嶺の一つなのです。

地図の下の方を見ると近場に三国

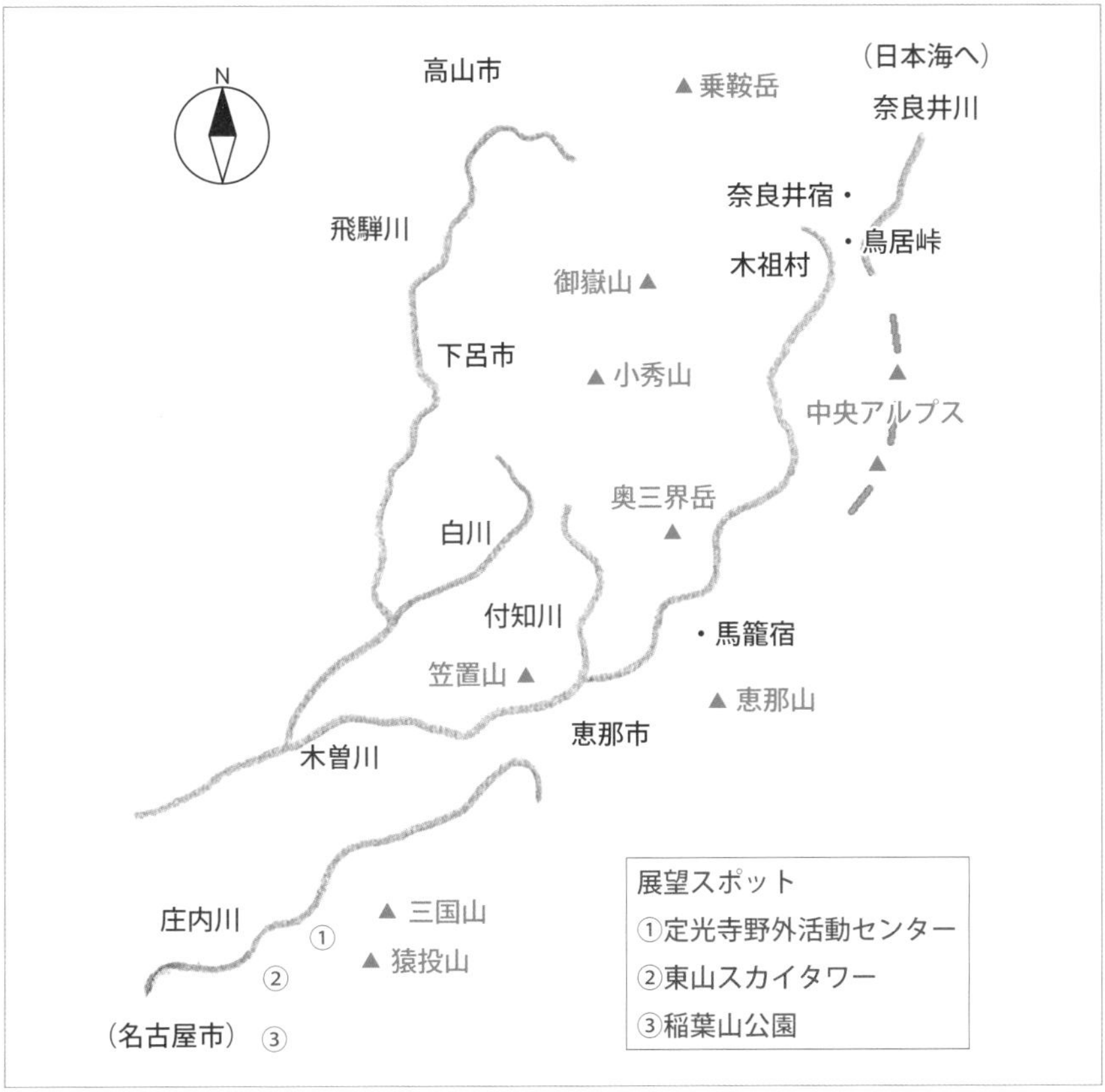

地図 3.1　北東方向の山々

奈良井宿

山があります。中央アルプスの景観はここで三国山にさえぎられます。本節では、御嶽山周辺から中央アルプスまでについて紹介します。

m 1.1　御嶽山の遠景（定光寺野外活動センターから）

01 御嶽山《おんたけさん》（3067m）

①見つけ方

写真m１・１は、定光寺野外活動センターからの御嶽山です。真北から東へ約30度。「パー」２回目の中指あたりです。北東方向の遠くに見える一番目立つ山です。冬なら雪をかぶってすぐにわかります。

②どんな山？

名古屋の人なら誰でも一度は見たことがあるでしょう。富士山ほど幾何学的に対称ではない自然な形が美しいです。

しかし御嶽山の観光ガイド、登山ガイドなどでは、この写真は出てきません。写真m１・２は開田高原の展望パネルですが、よく見るのはこんな姿です。頂上が幅広い全く違う姿です。これを左方向から見た姿が、名古屋から見える御嶽山のカタチです。

なぜか？

御嶽山の頂上は南北３㎞、東西１㎞の縦長なのです。そして登山、スキー、開田高原など観光や産業の多くは東側

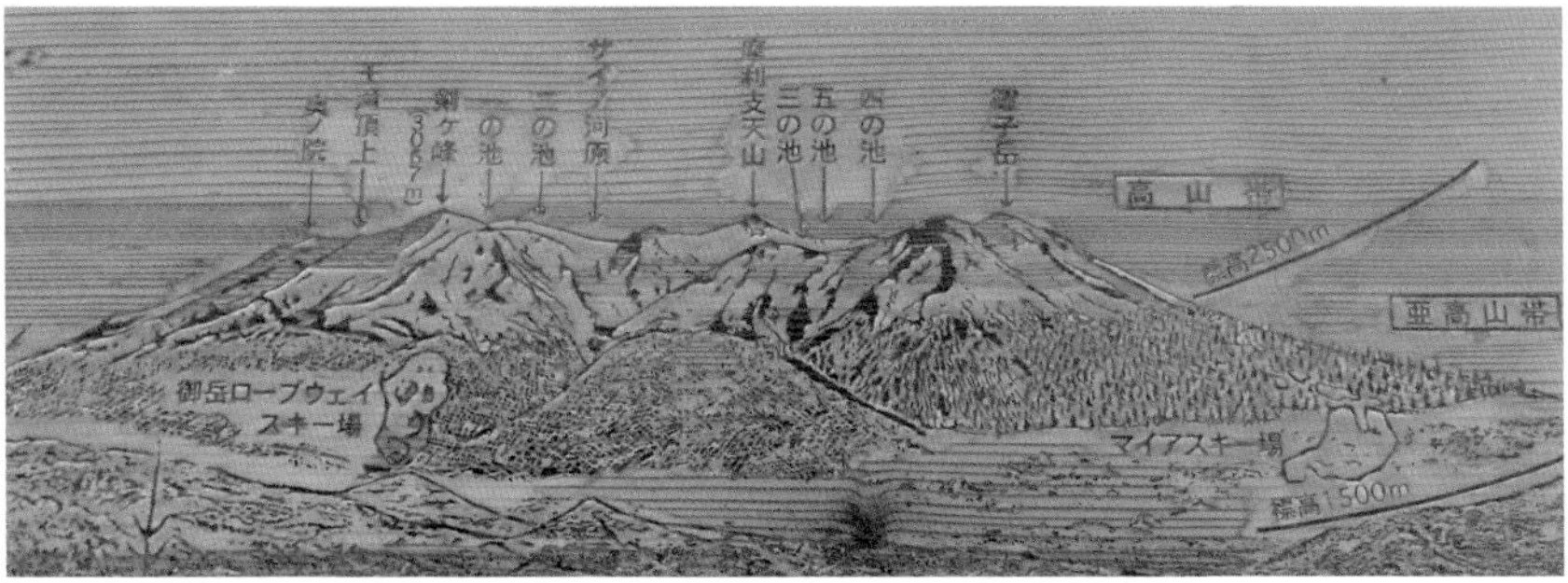

m 1.2　開田高原の展望パネル

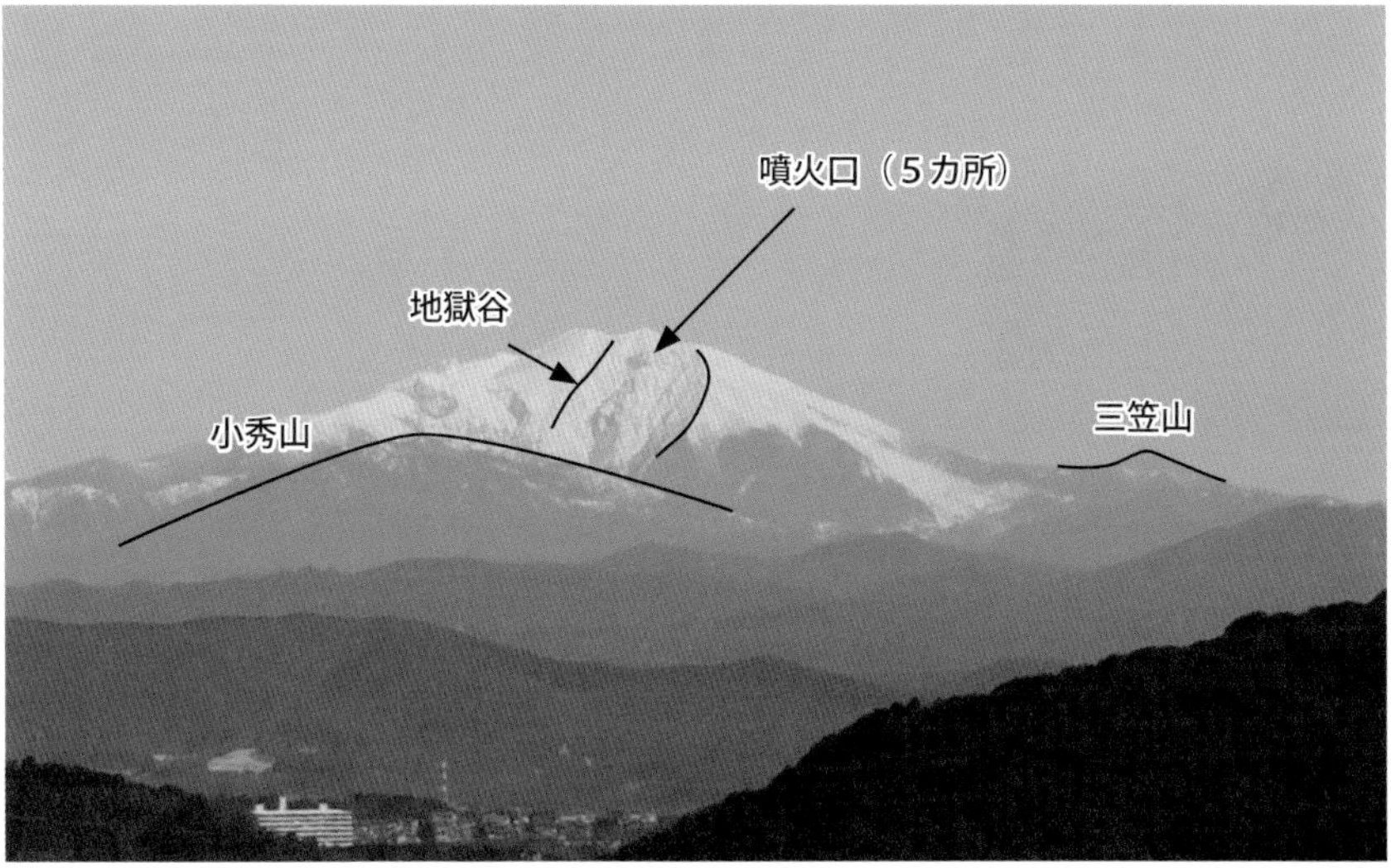

m 1.3　御嶽山の説明図

に集中しています。ですからその方向から見た図や写真が多く使われるのはいたしかたないことですね。

でも名古屋人の私は、

「御嶽山は名古屋（濃尾平野）から見る姿が一番美しい！」

と、声を大にして言いたいです。

さて、写真ｍ１・１に説明を加えたのが写真ｍ１・３です。三笠山《みかさやま》（２２５６ｍ）、小秀山《こひでやま》（１９８２ｍ）、地獄谷です。

富士山と比較してみると、

・御嶽山……富士山
・三笠山……宝永山《ほうえいざん》
・小秀山……愛鷹山《あしたかやま》
・地獄谷……大沢崩れ

に対応しているように見えませんか？

でも小秀山は御嶽山のすぐ前にあるので、はっきり分離しては見

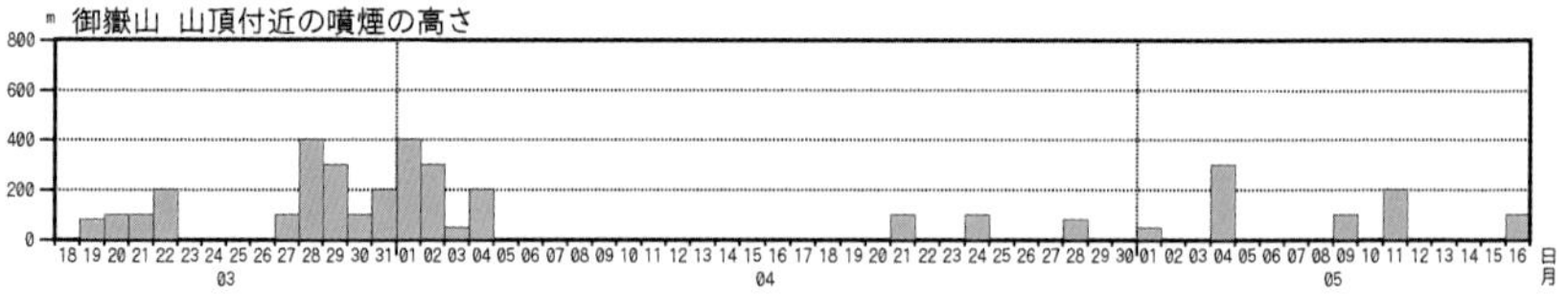

表 m1.1　噴煙の高さ（気象庁発表 2023 年 5 月）

m 1.4　噴煙をあげる御嶽山

えません。同じ状況が白山《はくさん》と大日《だいにち》ヶ《が》岳《たけ》の関係（36頁参照）でもあります。

御嶽山で忘れてはならないのが、２０１４年９月27日の噴火です。58名死亡、５名行方不明の戦後最悪の火山災害です。被災者のご冥福を祈ります。

その噴火口も地獄谷上部にあります。現在でも噴煙を上げていて気象庁からも２カ月毎に地震、噴煙の高さの観測データ（表ｍ１・１）が公表されています。

写真ｍ１・４は２０２３年２月５日の写真です。噴煙（水蒸気？）もぼんやり写っています。

m2.1　御嶽山の左からの乗鞍岳（東山スカイタワーから）

02 乗鞍岳《のりくらだけ》（3026m）

①見つけ方

写真m2・1は、東山スカイタワーから撮った御嶽山の写真です。その左山裾に白く突き上がっているのが乗鞍岳です。

②どんな山？

御嶽山に匹敵する大名峰なのですが、いかんせん遠い。このくらいしか見えません。でも御嶽山のすっきりした稜線の上にあるので、気がつけばすぐにわかります。

昔の日本映画でいう大俳優がちょっとだけ顔を出す「友情出演」のようです。

実は前項の御嶽山の写真m1・1にも写っています。ほんのちょっとです。こちらは定光寺野外活動センターからの写真ですが、東山タワーより14㎞東になります。

ですからもっと西の展望台（名古屋テレビ塔など）なら、写真m2・1よりさらに大きく見えるようになります。

あなたが御嶽山を見た場所で、右に三笠山、左に乗鞍岳の友情出演があったならば、これはもう最高の「御嶽山・展望地」です。

m3.1　御嶽山～中央アルプス（東山スカイタワーから）

03 中央《ちゅうおう》アルプス全景《ぜんけい》

①見つけ方

東山スカイタワーからの写真m3・1です。「北東方向の山々」で紹介する山々のほぼ全景が写っています。右側の雪を被った山脈が中央アルプスです。

御嶽山から中央アルプスの左端（木曽《きそ》駒《こま》ヶ《が》岳《たけ》）までの角度は約20度。「パー」1回分です。そこから越百山《こすもやま》までは約7度。もうひと指とちょっとです。中央アルプスの右側は三国山にさえぎられて見えなくなります。

中央アルプスを拡大したのが、写真m3・2です。三つにくびれて見えるのが特徴です。北の「木曽駒ヶ岳を中心とした山塊」、中央は少し低い「檜尾岳《ひのきおだけ》・熊《くま》沢岳《ざわだけ》の山塊」、そして南の「空木岳《うつぎだけ》・南駒ヶ岳から越百山までの山塊」です。

名古屋からは雪をかぶっていなくて

m 3.2　中央アルプス全景

m3.3　朝霧に浮かぶ中央アルプス（八事のビルから）

も、その姿を確認できます。

写真m３・３は２０２３年5月20日の早朝、八事のビルから撮った写真です。朝霧の向こう三国山から続く山裾の左上に中央アルプスの三つにくびれたシルエットが浮かび上がります。

写真m３・４は、冬に中央道の恵那ＩＣ《インターチェンジ》付近から撮った写真です。近い方が見やすいと思うかもしれませんが、手前の山が立ちふさがり景観としてはせせこましくなります。

②どんな山？

個々の山については「伊那谷から見たい山々」（99頁）で紹介します。中央アルプスの表と裏（西側と東側）の姿を楽しみましょう。

m3.4　恵那ＩＣ付近からの中央アルプス

m4.1　御嶽山～奥三界岳（定光寺野外活動センターから）

04 奥三界岳《おくさんがいだけ》（1811m）

①見つけ方

写真m４・１は、定光寺野外活動センターから撮ったものです。御嶽山の右へ10度。「パー」の中指くらいになります。

手前の山に重なって見えにくいですが、雪をかぶった山脈のように見えます。これが阿《あ》寺《てら》山地です。

近くの恵那峡ＳＡ《サービスエリア》の展望台のパネル（写真４・２）でも、やはり山に重なって見えにくいです。

もっと遠くの天白区・稲葉山公園から早朝に撮ったのが写真m４・３です。早朝の斜光は稜線がくっきりしてわかりやすいのです。

阿寺山地の山並みがすべて見えます。またすぐ手前の笠置山《かさぎやま》（１１２８m）の三角の稜線が濃く見えます。これも目印です。

笠置山は中央道を走ると恵那の西側に大きく見えます。ランドマーク的な山です。ただ

m4.2　恵那峡ＳＡの展望パネル

m4.3　奥三界岳と笠置山（稲葉山公園から）

その方向からは、三角に尖っていなくて頂上は平坦で幅広です。

②どんな山？

御嶽山、中央アルプスに比べて、知名度はぐっと低いです。中津川市の観光地・付知峡や夕森渓谷の奥の山と言った方がわかりやすいです。

阿寺山地の右端に近い最高峰が奥三界岳です。

「奥三界岳」という名前が「おどろおどろしい」ですね。山名の由来を調べると「三界山の奥の山。旧付知村、田瀬村、川上村の境界の山なので、三界山という」（ヤマレコ）とあります。

「なあ～んだ！　三国山と同じ意味ね」ってわかると、「おどろおどろしさ」は一気になくなります。でもこの名前で奥三界岳は得していますね。印象に残ります。

身近な川の源流

日本の分水嶺のような遠くの話を書いていますが、身近なところにも川はあります。

その源流も身近なところにありますが、普段そんなことは意識しないですね。

名古屋市内を流れる山崎川をご存知ですか？ 桜の名所として有名です。

じゃぁ、その源流は？

地図を思い浮かべるとわかる方も見えるでしょう。三つあります。八事の隼人池と東山公園の上池（ボート池）と平和公園の猫ケ洞池です。

もう少し外側の川の源流を見ていきましょう。

c2.1　三ヶ峯上池

①天白川の源流

天白区から日進市に入って、名古屋商科大学にある「三《さ》ヶ《が》峯《みね》上池」（写真c2・1）が源流です。

②香流川《かなれがわ》の源流

香流川というのは、庄内川の支流・矢田川のそのまた支流です。長久手市の旧市街地を流れ、最後は愛・地球博記念公園の西を南に上がって三ヶ峯の手前が源流です。

c2.2　香流川源流から下流方向

写真c2・2は、源流から北（下流側）を見た様子です。右に愛・地球博記念公園の観覧車が見えます。

そこから南（源流点）を見ると、草に覆われた小さな堰の向こうに消

えます。（写真c2・3）

③田籾川《たもみがわ》の源流

　田籾川というのは、矢作川の支流・伊保《いぼ》川のそのまた支流です。

　三ヶ峯の南にある工場の敷地内に消えていきます。

c2.3　香流川源流

ラジオの道路交通情報で「県道・田籾名古屋線」という言葉をよく耳にしますが、その「タモミ」がやっとわかりました。

　名古屋市内では通称「出来町通り」です。名古屋城前から引山へ向い、その後は香流川に沿って長久手市役所の近くを通り、三ヶ峯の近くの田籾交差点が終点です。

　ここまで書くとお気づきでしょう。「三ヶ峯」という地名は「三つの川を分ける峯」という意味のようです。

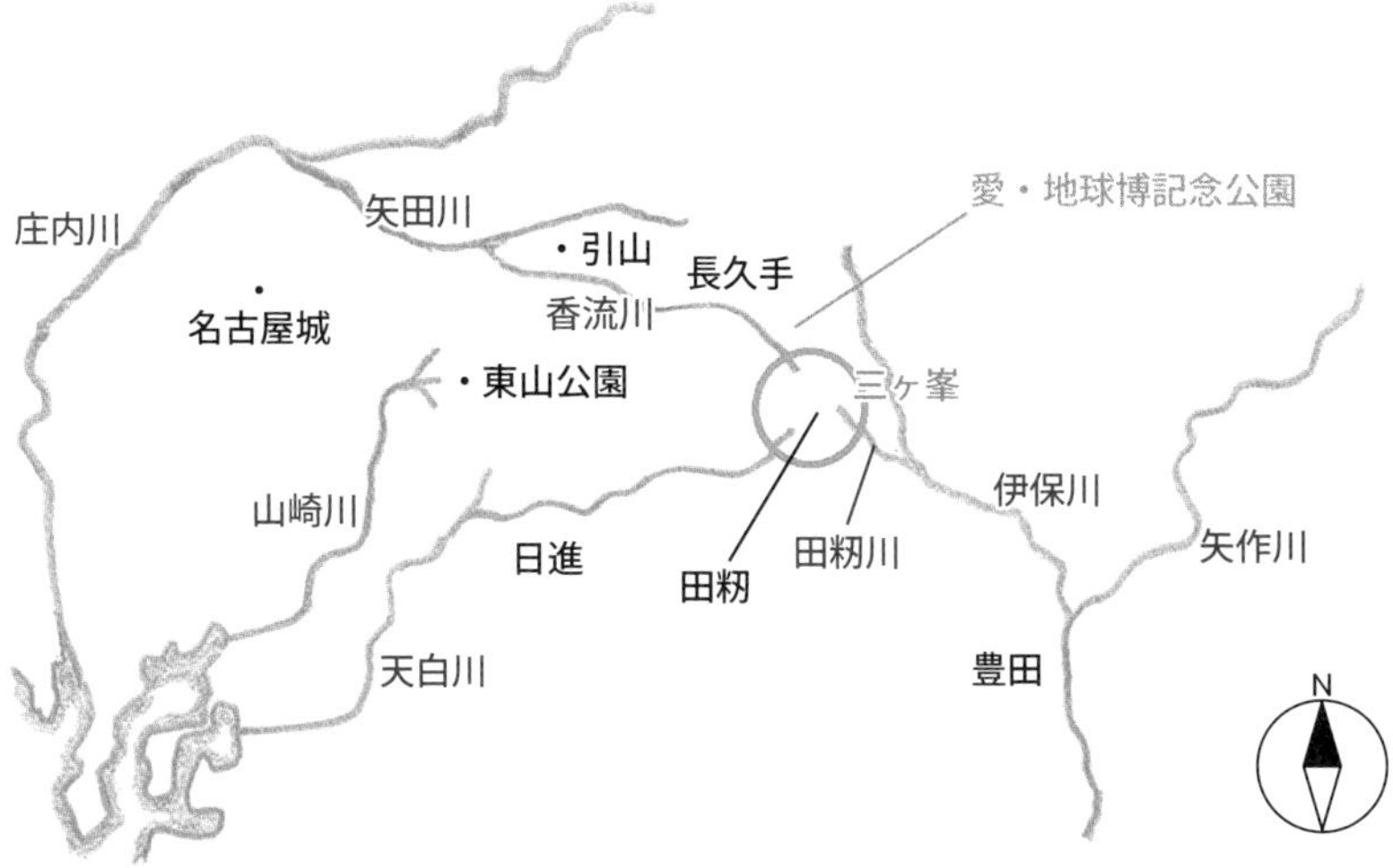

地図C2　身近な川の源流

日光川の河口はどうして広い？

日光川の河口は、本書の撮影にも使った場所です。川幅が広く（約1㎞）、遠くまで見通せるからです。

でも日光川を上流に辿っていくと、どんどん細くなってどこに繋がっているのかわからないような川です。

なぜ河口だけあんなに広いのでしょう？

上流の「天神の渡し跡」の説明パネルにその答えがありました。

ここは東海道と中山道を結ぶ美濃路の街道筋です。美濃路は東海道の宮宿と中山道の垂井宿を結ぶ脇街道です。

説明パネルを要約すると、

①昔は日光川が木曽川の本流であり、渡し船があった。

②1586年の大洪水で、木曽川は現在の位置を流れるようになった。

③かつての天神の渡しの両側に神社と石碑がある。その距離は480mである。

天神の渡しがあった西側の神社の近くに濃尾大橋が木曽川にかかっていますが、その川幅は約500mです。③と同じくらいです。

また現在の木曽川の河口の幅は約1㎞です。これまた日光川の河口と同じ幅です。

かつて日光川が木曽川の本流であったというのも納得ですね。

日光川の流域

日光川右岸にある天神神社

3-2 北西方向の山々

名古屋の北西方向は山が多く、奥深いです。（地図3・2）

ここは分水嶺・源流の山々です。四つの川があり、その川がつくった「窓」に注目しましょう。そうすると四つに整理できます。

①長良川……源流の山は大日ヶ岳《だいにちがたけ》です。白山《はくさん》はその奥ですが、大日ヶ岳より、こっちの方が目立ちます。

②板取川……長良川の支流です。源流の山は平家岳《へいけだけ》と滝波山《たきなみやま》です。

この二つの川の窓は名古屋より少し東向きに開いています。ですから瀬戸方面からはきれいに分離し、V字谷もよくわかります。

また二つの川の間にある高賀山《こうかさん》・瓢ヶ岳《ふくべがたけ》も目立ちます。

③根尾川……揖斐川の支流です。源流の山は能郷白山《のうごうはくさん》です。

この窓は名古屋の方を向いていますが、標高が高いので瀬戸方面からでもよく見えます。

④揖斐川……源流の山は冠山《かんむりやま》です。途中で「小津三山《おづさんざん》」と呼ばれる権現《ごんげん》山《やま》、花房山《はなふさやま》、雷倉山《らいくらやま》（「かみなりくらやま」とも）に「通せんぼ」されて、揖斐川は西に迂回して流れてきます。

そのため冠山は名古屋からは見えませんが、瀬戸からは小津三山の右側にコソッと見えます。

こんな感じで四つの川と源流の山に注目しましょう。

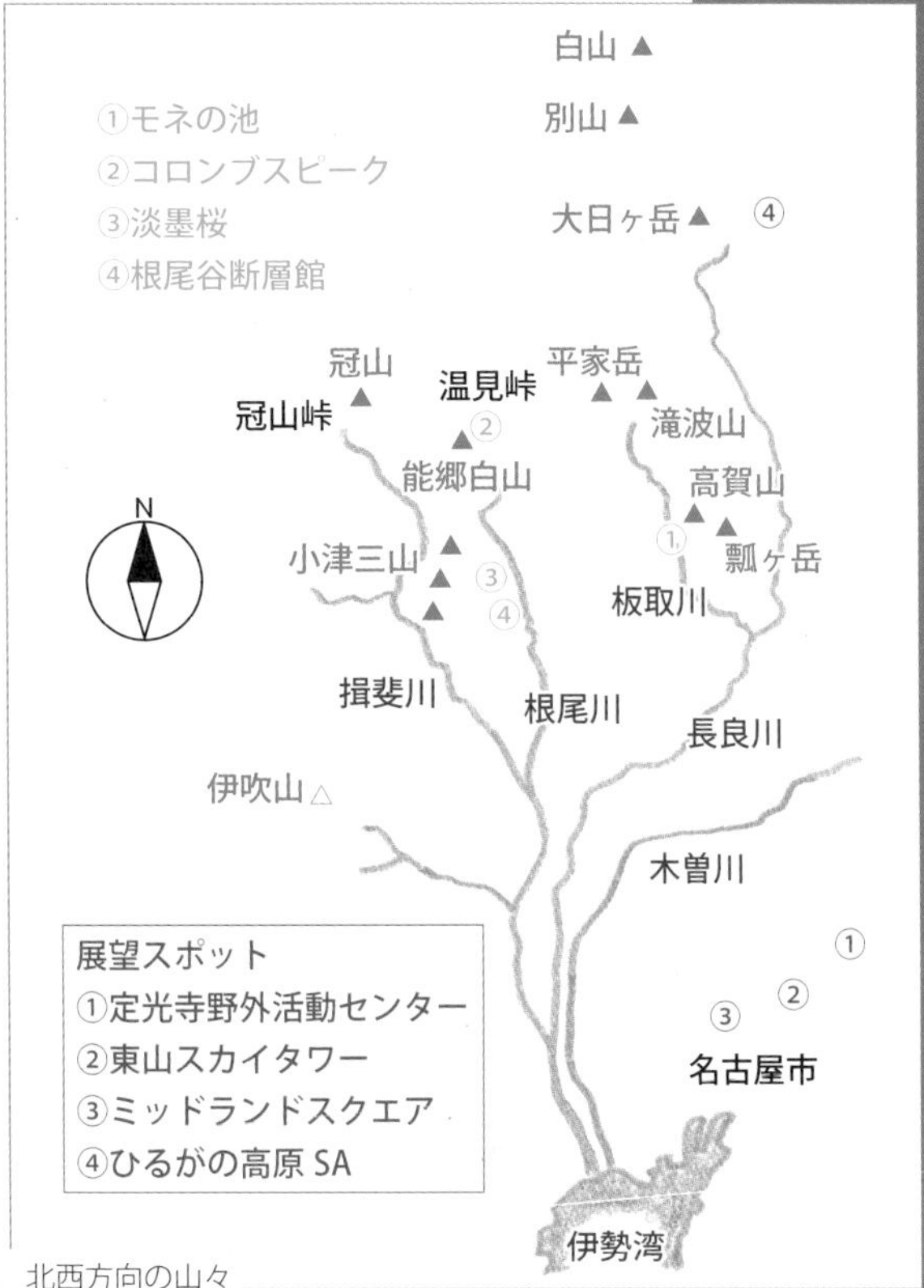

地図 3.2　北西方向の山々

m5.1　北西方向の山々（定光寺野外活動センターから）

05 高賀山《こうかさん》（1224m）と瓢ヶ岳《ふくべがたけ》（1163m）

①見つけ方

写真m５・１は瀬戸の定光寺野外活動センターから北西方向のパノラマ写真です。「北西方向の山々」で紹介するすべての山が入っています。

右側の真白の雪山が白山、中央の黒い山塊が高賀山・瓢ヶ岳、その左側の雪山が平家岳です。

白山の前のV字谷、平家岳前のV字谷もよくわかります。それぞれ長良川、板取川が流れてきます。

高賀山と瓢ヶ岳は、名古屋に近い山です。シルエットしかわかりませんが、冬でも夏でも存在感があります。白山が見えなくても高賀山と瓢ヶ岳ははっきり目立ちます。

②どんな山？

瓢ヶ岳の登山道は長良川側からです。高賀山の登山道は板取川側からになります。

名古屋からの登山・観光としては、源流の平家岳よりこちらの方がメジャー

m5.2　名もなき池（モネの池）

m5.3　高賀神社の御神水

です。最近話題の「名もなき池（モネの池）」（写真m5・2）の近くです。

麓に高賀神社があり、「高賀の御神水」（写真m5・3）という湧水もあります。いつも水を汲む人で行列しています。常温でもおいしい水でした。2000年シドニーオリンピックで金メダルを獲った高橋尚子さんも飲んでいるということでも話題になりました。

m6.1　白山（定光寺野外活動センターから）

06 白山《はくさん》（加賀白山《かがはくさん》）（2702m）

①見つけ方

まず高賀山を見つけましょう。その近くに白山はありますが、見る位置によって白山の位置も変わります。

定光寺野外活動センターからは高賀山の右（前項の写真ｍ５・１）に見えます。拡大すると写真ｍ６・１です。

定光寺野外活動センターの上の駐車場には、「白山」の方向を指す標識（写真ｍ６・２の右下）が立っています。白山の好展望地です。

東山スカイタワーからだと高賀山に重なりよく見えません。（写真ｍ６．３）

さらに西方向の名古屋テレビ塔からだと高賀山の左に見えます。（写真ｍ６・４）

他には、スカイワードあさひ（尾張旭市）やリニモの車窓、刈谷ハイウェイオアシス（観覧車）などから見えます。また名古屋高速道路一宮線からも見えます。

長良川の源流は大日ヶ岳（１７０９ｍ）です。

m6.2　定光寺野外活動センター駐車場

m6.3　東山スカイタワーから

m6.4　名古屋テレビ塔から

m6.5　ひるがの高原 SA から

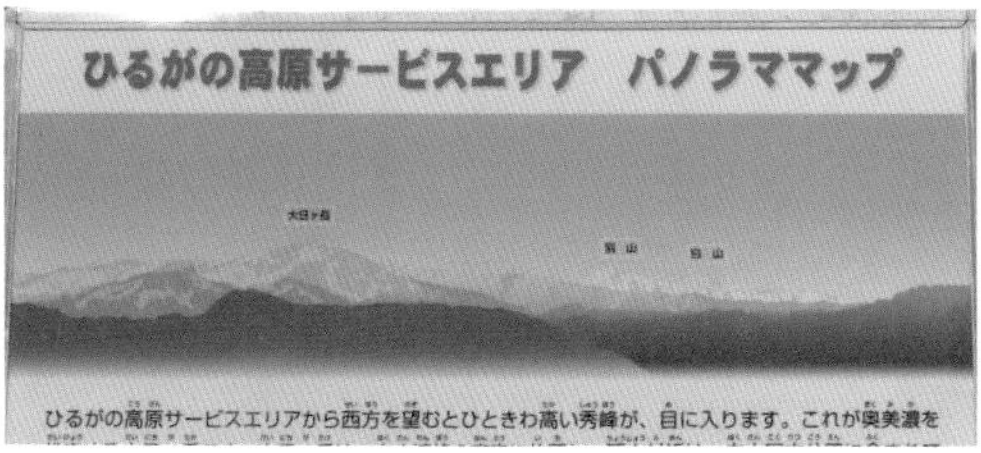

m6.6　ひるがの高原 SA の展示パネル

写真ｍ６・５は東海北陸道・ひるがの高原ＳＡからの大日ヶ岳（２０２３年７月28日撮影）です。スキー場のゲレンデがたくさん整備されています。ひるがの高原ＳＡの展望パネル（写真ｍ６・６）です。白山は斜め右後方に見えるようです。名古屋方面からは、この図を左側から見ることになります。

そうすると大日ヶ岳の後ろに白山が重なり、分離しては見えません。これは御嶽山のすぐ手前の小秀山の稜線と同じ状況です。

写真ｍ６・１に稜線を書き加えてみました（写真ｍ６・７）。遠くの山はスカイラインになっていないと見えにくいのです。

m6.7　大日ヶ岳と別山の稜線

②どんな山？

白山信仰の中心の山です。富士山と同じ活火山の成層火山です。でもあちこちに噴火してできた山があるので、姿形は全く違います。

白山の最大の特徴は、雪をかぶったときの白さです。誰が見ても「白山」という名前をつけたくなる。フランスのモンブラン（Mont Blanc）も「白い山」という意味ですが、白さでは日本の白山も負けていません。

でも雪が解けると見えにくくなります。

写真ｍ６・８は、２０２３年5月24日の様子です。そろそろ限界です。雪がなければ、そこに山があることさえわからない。空の色と山肌が同じ色です。

でもこの写真も、これはこれでおもしろいですね。

「空の色とは何か？」「山の色とは何か？」を端的に見せてくれます。

空の色とは何か？

宇宙は暗黒なので、空の色の元となるのは、［大気圏を抜けるまでの大気中の微粒子の散乱光］だけです。水色ですね。

山の色とは何か？

［山肌までの大気の散乱光］＋［山肌の反射光］が山の色です。

山肌の反射光の明るさは同じでも、大気の散乱光の明るさは距離によって変

m6.8　残雪の白山

わります。
①すぐ近くの右側の山
［距離が短いので大気の散乱光はすごく暗い］≒［森の反射光］
　ぼんやりした森の山に見えます。
②少し遠くの左側の山
［大気の散乱光は明るくなるが空よりは暗い］＞［山肌の反射光］
散乱光の方が勝るので、稜線から下の山肌は暗い空という見え方です。
③白山の雪のない場所（白山は１００㎞離れています）
［１００㎞分の大気の散乱光］≫［山の反射光］
もう空と同じ明るさの散乱光です、空と区別がつかない明るさの水色です。
④白山の雪を被った場所
［１００㎞分の大気の散乱光］≪［雪の反射光］
雪の反射光が空の水色に勝って、白く見えます。

　山を描くのが得意な画家さんの言葉。

「山を描くというのは、山までの空気を描くこと」

なるほどです。山紫水明の「山紫」とは、こういうことですね。

m7.1　平家岳（定光寺野外活動センターから）

07 平家岳《へいけがだけ》（1442m）

①見つけ方

写真ｍ７・１は定光寺野外活動センターから撮った写真です。高賀山の左側、板取川のＶ字谷の正面に見えます。右側の高賀山から頭だけ出しているのが滝波山（１４１２ｍ）です。

また東山スカイタワーからだと、Ｖ字谷の正面は滝波山になります。（37頁の写真ｍ６・３）

白山の見える位置がズレるように、滝波山の見える位置もズレるわけです。

写真ｍ７・２は２０２３年5月24日に撮った写真です。もう雪はありません。でも白山より距離が近い（70㎞弱）ので、空に溶けるのではなく暗い空の色として稜線ははっきりわかります。

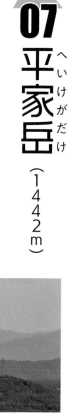

m7.2　初夏の平家岳

②どんな山？

平家岳という山名は、倶利伽羅峠《くりからとうげ》（加賀・越中の国境）の戦いに敗れた平家の一団が山中に潜んだという伝承からとのことです。

登山は福井県側の面谷川沿いに登るのがメインコースです。岐阜県側からは板取川上流・新深山トンネル西口から尾根歩きのロングコースになります。

m8.1　小津三山から能郷白山まで（定光寺野外活動センターから）

08 能郷白山《のうごうはくさん》（1617m）

①見つけ方

定光寺野外活動センターからの写真m８・1の右端の山です。左の方には次項［09］で紹介する冠山・小津三山も入っています。

名古屋テレビ塔から見ると、真北から左に約30度にあります。御嶽山が真北から右に約30度なので、ちょうど対照的な位置になります。冬に名古屋高速・小牧線を北に走ると、御嶽山と反対側に見える雪山です。

雪をかぶった二つのピークの形が特徴的です。（写真m８・２）

能郷白山は標高が高いので、展望台でなくても北西方面が開けていれば見えます。

写真m８・３は、尾張旭市の森林公園西側の市道から撮ったものです。道路正面に大きく見えます。

m8.2　能郷白山

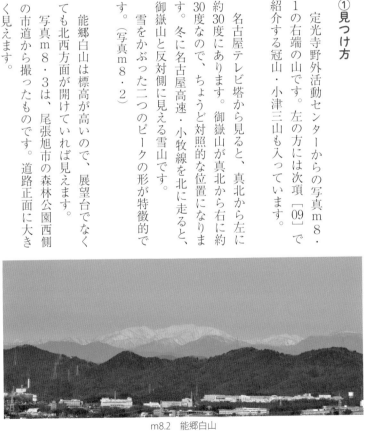

m8.3　森林公園西側市道から

m8.4　滝の水公園から

能郷白山は根尾川の源流の山であり「大きな窓」を持っています。窓は名古屋の方向を向いていますので、名古屋市内からの方が、すっきり見えます。

写真ｍ８・４は滝の水公園から撮った写真です。Ｖ字谷がはっきりわかります。

写真ｍ８・５は名古屋テレビ塔から撮った写真です。

写真ｍ８・６は名古屋駅前のミッドランドスクエア・スカイプロムナードからです。Ｖ字谷は右側に寄っています。

②どんな山？

白山信仰の山です。北西方向の山の最高峰です。国道１５７号・温見峠《ぬくみとうげ》から登山道があり、日帰りの登山コースです。

登山道途中の「コロンブスピーク」が最近話題です。「なぜコロンブス？」と思いますが、標高１４９２ｍの三角点です。コロンブスがアメリカ大陸を発見した年号と、たまたま標高が同じなのです。

さて国道１５７号はいわゆる「酷道」と称される道で、運転に自信のない人にはお薦めできません。

m8.5　名古屋テレビ塔から

m8.6　ミッドランドスクエアから

「落ちたら死ぬ！」の看板が有名です。ガードレールはなく、すれ違いも難しいほど狭く、洗い越し（道の上を川が流れる）が多くある道です。でもその手前「淡墨桜」（写真ｍ８・７）あたりまでは何の問題もなく走れる快適な道です。

その一方、ここまで近づくと逆に能郷白山自体は見えにくくなります。淡墨公園の奥の遊歩道を歩くと、淡墨桜と能郷白山を一緒に写真に収められる場所もありますが、手前の山に隠れて能郷白山の全景は見られません。

淡墨桜まで行く途中に、根尾谷断層観察館があります。「根尾谷断層」という言葉は、むかし学校で習った記憶はありますが、淡墨桜を訪れた際に初めて行きました。

ここから東南海地震についても考えてみました。それは別途コラムで。

m8.7　淡墨公園から（能郷白山は見えない）

根尾谷断層から東南海地震（南海トラフ地震）を考える

大地震には2種類あります。

①プレート起因の地震……周期性があり、震源が深い。南海トラフなど

②直下型地震……プレート起因の地震の後に起きるが、時期や場所はわからない。震源は浅い

という違いがあります。

東海地方では1854年に安政東海地震が起こりました。南海トラフ起因の地震です。

その37年後、1891年に濃尾地震が起こりました。直下型地震です。

根尾谷断層は、濃尾地震の際にできました。写真c4・1に断層に沿って黄色い線を加えました。その断層の真上に「根尾谷断層館」が建てられています。

建物の中から断層の断面を掘り下げて見られるようにしてあります。

根尾谷断層館ができたのは1992年です。地震から100年後。地表は埋め立てられたりして実際の断層の段差より目立たなくなってしまいましたが、地下を掘るとはっきりわかります。

写真c4・2の矢印が同じ位置だったのです。6mくらいの段差があります。

安政東海地震の90年後、1944年に東南海地震が起こりました。南海トラフ起因の地震です。

その51年後、1995年に阪神・淡路大震災が起こりました。直下型

c4.1　根尾谷断層と根尾谷断層館

地震です。

　このように直下型地震は、いつどこで起こるかわかりません。そのため地震への備えは常に必要だということです。

　でも南海トラフ起因の地震は周期性があります。今から30年前ほど前は、「東海地震（南海トラフ地震）は、唯一予測ができる地震である」といわれていました。

　東南海地震の90年後は、2034年です。もう間近です！　2035～40年頃に起きるという地質学者の本（鎌田浩毅『地学のススメ』講談社、2017年）もあります。

　しかし、気象庁の発表は「30年以内に70～80％の確率で起こる」（2023年6月7日）という従来から何も変わらないものです。これではアクションをとりようがない。

　ここから先は私見です。私は2035±5年以内に、99％起こると考えるべきだと思います。でも、もしそれを政府が言い出したら、

「じゃあ名古屋ではそれまでは地震保険に入らなくてもいい」「名古屋に家を建てるのは、それ以降にしよう」という話になります。

　経済に大ダメージです。またハズレた時の責任問題も起こるでしょう。

　したがって、公言できるのは「責任のない立場の人」（私を含めて）だけです。

　そして、その予測で行動するのも「個人の判断」です。

　さぁ、あなたはどうされますか？

c4.2　根尾谷断層の断面

m9.1　冠山（定光寺野外活動センターから）

09 冠山《かんむりやま》（1257m）と（小津《おづ》）権現山《ごんげんやま》（1158m）

①見つけ方

前項の写真m8・1には、能郷白山から小津三山まで入っています。定光寺野外活動センターから見ると、能郷白山から小津三山の一番左の山・権現山までが10度くらいです。

冠山は能郷白山の左4度。手前の三角の山が目印です。写真m8・1を拡大したのが写真m9・1です。

小さいですが、するどく尖がった形が特徴的です。雪がなくてもわかります。（写真m9・2：2023年5月24日撮影）

白山の項（36頁）で書いたように、「暗い空の色」として尖がった稜線がわかります。

冠山は揖斐川源流の山です。瀬戸からは見えますが、名古屋からは小津三山に隠さ

m9.2　初夏の冠山

m9.3　小津三山（定光寺野外活動センターから）

れ見えません。

小津三山の拡大写真が写真ｍ９・３です。左から権現山、花房山《はなふさやま》（１１８９ｍ）、雷倉山《らいくらやま》（１１６９ｍ）です。

権現山は左右対称に肩を張った一目でわかる形です。揖斐川は、その左側を通って濃尾平野に流れてきます。

西濃（東海環状道大野神戸ＩＣ手前）から見る権現山は堂々たる姿です。夏でもそのシルエットははっきりわかります。（写真ｍ９・４）

②どんな山？

小津三山は能郷白山から稜線続きの山です。権現山も白山信仰の山です。

権現山からは、「小津の白薔薇」と呼ばれる景観が見られます。花房山の両側の稜線が渦を描くようになっていて、雪を被ると「白い薔薇の花」のように見えるというものです。

権現山に登らないと見えないので「小津

m9.4　東海環状道からの小津三山（助手席より撮影）

m9.5　徳山湖越しの冠山

の白薔薇」については本書では割愛します。

見えないのに注目するのは、小津三山の向こうにあるのが「徳山ダム」だからです。

名古屋の人ならだれでもその名前は聞いたことがあると思います。でも実際に見たことのある人は少ないかもしれない。現在その導水路をどうするということでも話題になっています。

徳山ダムは日本最大貯水量のダムです。有名な黒部ダムの3倍以上です。

2023年11月には「冠山トンネル」も完成し、「冠山峠道路」が開通しました。これにより国道417号は福井県側に抜けられるようになりました。北陸自動車道のバイパスとしても重要です。

私は2017年に見てきました。当時でも途中までは400番台の国道とは思えないほど走りやすい道になっていました。

写真m9・5は徳山ダムから徳山湖越しに見た冠山です。左奥にそびえています。

写真m9・6は冠山峠から見た冠山です。

写真m9・7は冠山峠の石碑です。県境の石碑が岐阜県側は3個建っています。それぞれ徳山村、藤橋村、そして揖斐川町です。ダムが計画されてからの苦難の歴史を物語っています。

m9.6　冠山峠から

m9.7　冠山峠の石碑

今回「名古屋から見たい山」として整理して、あらためて徳山村がいかに山奥の村だったのかを再認識しました。

3-3 西方向の山々

西方向の山々を地図3・3に示します。

北の方から見ていくと、伊吹山地が日本海（敦賀）まで続いています。途中に越美《えつみ》山地（北西の山々）が合体してきます。

そして伊吹山地の南端が伊吹山です。

その南が関ケ原です。手前に南宮山という小山もあります。

さらにその南には、養老山地、鈴鹿山脈が二列に並んでいます。

養老山地は途中の県道で南北に分かれています。車が通れる道路はそこしかありません

鈴鹿山脈の南側は峠をはさんで布《ぬの》引《びき》山地（青山高原のところ）から紀伊山地になっていきます。この先はどこまでも山深いです。

ここでは次に注目していきます。

・伊吹山

・関ケ原……山ではないのでコラムで取り上げます。

・養老山地……北部を中心に紹介していきます。

・鈴鹿山脈……北の方は養老山地と被ります。でも「鈴鹿セブンマウンテン」と呼ばれるあたりは、名古屋南部からはよく見えます。

今回、川は山岳景観には関係しないですが、川筋が街道筋になっているのがよくわかります。

関ケ原に向かって揖斐川の支流（相川など）が流れています。関ケ原の向こうは天野川が琵琶湖に向かって流れています。それに沿って中山道があります。

鈴鹿山脈の南、鈴鹿峠から鈴鹿川が流れてきます。峠を越えると野洲《やす》川《がわ》が琵琶湖に向かって流れています。これに沿って東海道があります。

加太越《かぶとごえ》から鈴鹿川の支流・加太川《かぶとがわ》が鈴鹿川に合流します。峠を越えると柘植川《つげがわ》が流れています。柘植川は木津川《きづがわ》に合流し大阪湾に注ぎます。これに沿って伊賀街道があります。

つまり川筋がそれぞれ中山道、東海道、伊賀街道になっているので

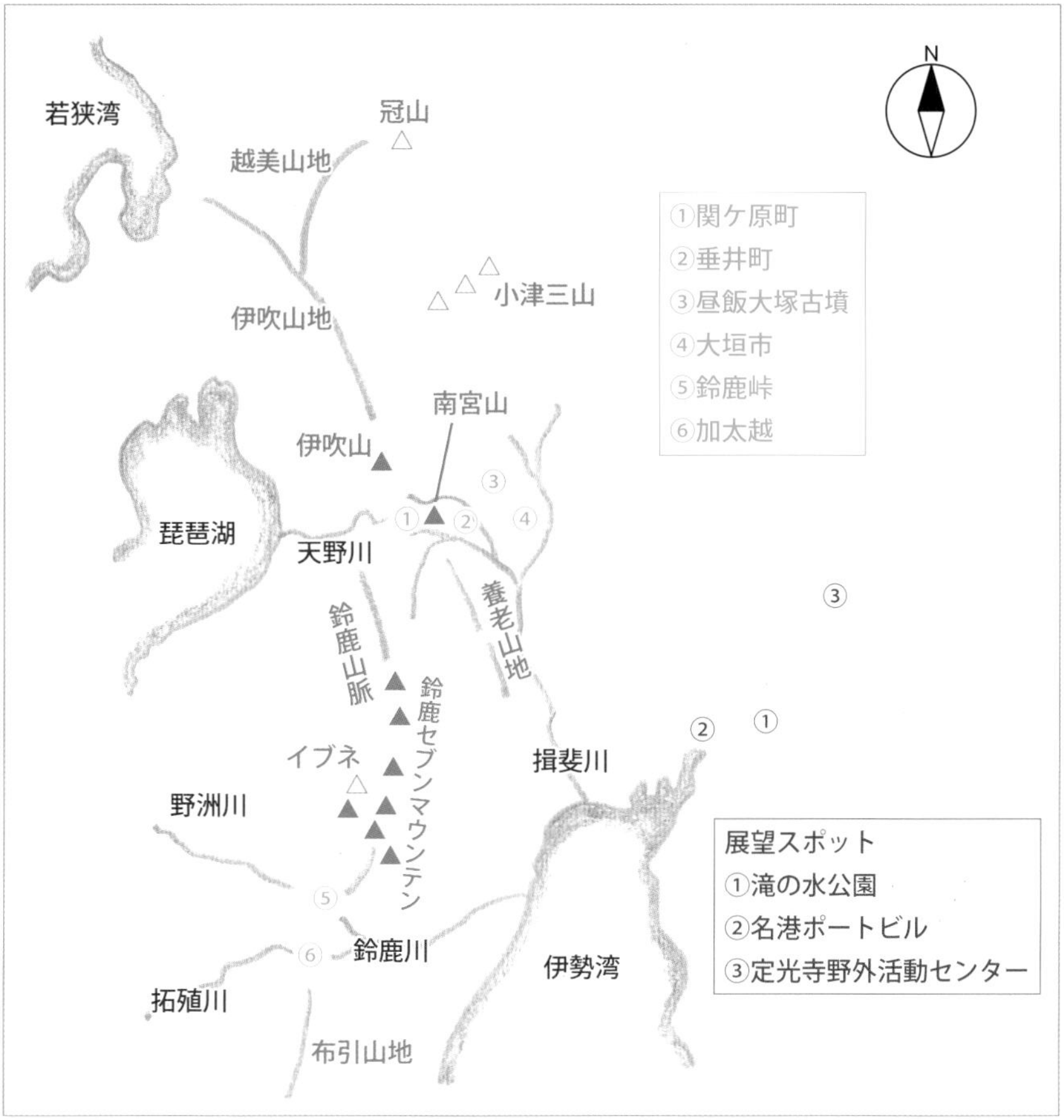

地図 3.3　西方の山々

す。

　戦国時代「本能寺の変」の後、家康が大阪の堺からとんぼ返りした「伊賀越え」は、この伊賀街道沿いだと思います。

m10.1　伊吹山周辺（定光寺野外活動センターから）

10 伊吹山《いぶきやま》（1377m）

①見つけ方

定光寺野外活動センターからの写真m10・1は、養老山地（途中）から関ケ原、伊吹山と伊吹山地です。右端は小津権現山。伊吹山地の視界はここでさえぎられます。

伊吹山は、その左側が関ケ原になって開けていること、また標高が高いので独立峰のように見えます。

西北西方向の一番目立つ山ですね。

拡大すると山肌を横切る右上がりの直線（写真m10・2の矢印と矢印の間）がわかります。伊吹山ドライブウェイです。天気がよければここまで見えます。

②どんな山？

名古屋の人にとっては、御嶽山の次に有名で誰でも知っている山です。学校の校歌にも「伊吹…」の言葉がよく入っています。

石灰岩の山であり、上の方では大きな樹木や森林が育ちません。草原と石灰岩の岩肌からなる独特な景観です。「イブキ○○」という植物も多いです。

またそういう地形を好むイヌワシの生息地でもあります。望遠カメラでイヌワシを狙っている人も多いです。

m10.2　伊吹山と伊吹山ドライブウェイ

古くからドライブウェイが開かれ、頂上にはレストラン、トイレ、展望台も整備されています。
ここの展望パネルはすごく見やすいです。
ちょうど遠景に白山、別山。近景に（小津）権現山、花房山も見えます。（写真m10・3）

m10.3　伊吹山ドライブウェイから
（写真提供：日本自動車道株式会社）

関ケ原のあれこれ

　関ケ原の遠景が写真c5・1です。瀬戸から撮ったものです。幅の広い峠です。中央に南宮山があります。新幹線はその北側を通り、名神高速はその南側を通ります。（写真c5・2）

「南宮山」と聞いて、戦国時代好きの人なら「関ケ原の合戦で毛利氏が陣を張ったところね」と思うでしょう。

　私はその名前に引っかかりました。

「どうして南宮なの？」

「美濃国府の南にあったから」

「えっ美濃国府って美濃の中心、岐阜城の近くじゃないの？」

と驚きましたが、古代日本では、美濃国の中心は関ケ原のすぐ東、垂井町だったようです。

　そうすると合点がいくことがあります。

c5.1　関ケ原遠景

c5.2　名神高速から南宮山（助手席より撮影）

（1）古代の関ケ原

　古代日本の最大の内戦・壬申の乱（672年）を制した（後の）天武天皇の勝因は、美濃の豪族を味方につけたことだといわれています。

　垂井町の近くにある「昼飯《ひるい》大塚古墳」（写真c5・3）は、岐阜県最大の前方後円墳です。全長150m。愛知県最大の断夫山《だんぷさん》古墳が全長151mですので、当時の美濃の勢力もわかります。

　また古墳の後円部から前方部を臨むと、その方向は関ケ原（南宮山）を向いています（写真c5・4）。西方への意識も感じられます。

　美濃の豪族は単なる田舎豪族ではなく、一大勢力だったのでしょう。

　中山道も昼飯大塚古墳のすぐ北を

c5.3　昼飯大塚古墳

c5.4　後円部から前方部を望む

通っています。

天武天皇は今の日本のカタチをつくった人ですね。

それまで中国から「倭国」と呼ばれていたのを「日本国」と国号を変えたとされる説もあります。

その後、国内の地名も「よい意味の漢字二文字にしろ！」という命令（713年、好字二字令）も出ています。

美濃は、それまで「三野」とか「御野」とかバラバラだった表記が「美濃」に統一されています。また大阪の和泉国は「泉」一文字で読めますが「和」をつけて二文字にしています。

（2）関ケ原で別れる文化の違い

戦国時代の関ケ原の戦いの後、関所は東国へ移りましたが地理的なこともあり、関ケ原を境とする文化の違いは現代でも残っています。

平成28年、関ケ原町が「東西文化の調査報告書」を出しています。

そこには食文化（丸餅か角餅か、白ネギか青ネギか）だけでなく、言語、風習に渡って幅広く調査されています。

その中で私が注目したのは「火葬後の収骨方法の違い」です。

関西は部分収骨が基本であり、残った骨は回収されます。まったく拾わない人もいます。名古屋も同じです。

一方、関東では全骨収骨が基本だそうで、「遺骨をどうする？墓をどうする？」で揉めるそうです。一人世帯が増えるにつけ、今後さらに社会問題化すると思われます。

11.1　瀬戸からの養老山地全景

11 養老山地《ようろうさんち》

①見つけ方

養老山地は南北18kmあります。長いです。西の方をみれば、嫌でも（嫌でなくても）目に入ってきます。

瀬戸からの写真m11・1です。遠くからなので全景が見えますが、見え過ぎてその向こうの鈴鹿山脈の山も被ってきます。

養老山地の南半分はその向こうから竜ヶ岳、藤原岳～御池岳《おいけだけ》～鈴ヶ岳《すずがだけ》が被り、北半分からも霊仙山《りょうぜんざん》が覗いています。

そこで鈴鹿山脈が被らないように、もう少し近づいて見てみます。写真m11・2は、長良川の堤防道路（東海大橋の北）から撮ったものです。養老山地の北半分です。この写真をもとに細かく見ていきます。

②どんな山？

観光でも登山でも身近な山地です。

すぐ横に並行した道路があるので、遠くから眺めることもなく目的地まで行けます。でも本書は「山を見るガイド」なので、あえて俯瞰《ふかん》のまま見ていきます。

m11.2　養老山地の北半分（長良川の堤防道路から）

［A］二之瀬越え
県道・南濃北勢線が通っています。養老山地の中間を抜ける唯一の自動車道です。峠に「庭田山頂公園」が整備されています。
地図３・３（51頁）で、養老山地の稜線を二つに分けた位置になります。２０２６年にはこの脇を貫通する東海環状道が完成予定です。
この位置から見ても、二の瀬の向こうには鈴鹿山脈が顔を出しています。

［B］川原越え
東海自然歩道が通っていますが、現在通行止めのようです。

［C］養老山（８５９ｍ）

［D］笙ヶ岳《しょうがたけ》（９０８ｍ）
養老山地の最高峰です。

［E］滝谷
「養老の滝」（写真ｍ11・３）があります。かなり麓の方になります。
養老山地の川は急傾斜の水無川が多く、どの川筋も「谷」と表記されています。

さて本書は「川の源流」にもこだわっています。そこで養老の滝の上がどうなっているのか、ちょっと見てみました。
「養老の滝駐車場」から上に歩くとすぐに登山口です。10分くらいで滝の上の川筋（写真m11・4）に出ます。

　飛び石で川を渡ると本格的な登山道が始まります。写真の右側を見ると、古めかしい石組みの堰があります。古びた写真パネル（写真m11・5）もありました。

　なんと明治時代の木曽三川の治水工事で有名なオランダ人技師デ・レーケ氏の指導でつくられたものだそうです。川の両側は草木に覆われていますが、全体の幅は40mあるそうです。

　現在はその下流側にコンクリート製の堰《せき》（写真m11・6、m11・

m11.3　養老の滝

m11.4　養老の滝の上の川筋

7）が2段にあります。そこは立入禁止になっていますが、下の堰からほど近いところが滝口のようです。

でも一般的には、滝の上にすぐ砂防堰があるなんてことは珍しいです。

養老山地は断層山地で東側は急斜面になっています。そのため多くの谷筋に砂防堰がつくられています。そんな地形なので、養老の滝の上もそういう構成になったのでしょう。

m11.5　巨石堰堤

m11.6　滝上の堰堤（上）

m11.7　滝上の堰堤（下）

m12.1　鈴鹿セブンマウンテン北部（助手席より撮影）

12 鈴鹿《すずか》セブンマウンテン

鈴鹿山脈は南北に45㎞にわたる、さらに長い山脈です。名古屋から見ると北部は養老山地と被ります。

でも「鈴鹿セブンマウンテン」と呼ばれる地域は南部に集まっています。これらは近鉄、朝日新聞、名古屋テレビが長年開催していた登山キャンペーン（1964～1998年）で取り上げた七つの山です。

①見つけ方

名古屋の南部からは全体を見通せますが、まずはもっと近くから一つ一つ見てみましょう。7座を数えます。

鈴鹿セブンマウンテン北部の写真m12・1です。2022年3月17日、高速を新四日市JCT《ジャンクション》から員弁方面（北）へ向かう途中の写真です。

［A］右側が藤原岳《ふじわらだけ》（1144m）
［B］左側が竜ヶ岳《りゅうがだけ》（1099m）

同じく写真m12・2は、

［C］北から釈迦ヶ岳《しゃかがだけ》（1092m）。写真は途中で切れています。
［D］直線的なV字谷の右が御在所岳《ございしょだけ》（1212m）
［E］大きく尖ったのが鎌ヶ岳《かまがだけ》（1161m）

鎌ヶ岳と御在所岳は「二つセット」で探すと見つけやすいです。すぐ右が国《くに》

m12.2　鈴鹿セブンマウンテン南部（助手席からの撮影）

見岳《みだけ》（1170m）ですが、御在所岳と一体と考えてもいいですね。

さらにその右、深く窪んだ谷の向こうに、なだらかに見える丸い山がイブネ（1160m）です。主稜線のひとつ西側（奥）の山です。

国見岳とともに7座には入っておらず、三角点はあっても国土地理院の地形図に山名は書かれていません。でもイブネは「鈴鹿山脈の奥座敷」「苔の楽園」として最近人気です。

[F]一つ飛ばして左端で半分切れているのが入道ヶ岳《にゅうどうがたけ》（906m）

これで6座です。7座目となる[G]雨《あま》乞岳《ごいだけ》（1238m）は、御在所岳の後ろになり名古屋からは見えません。

名古屋北部や瀬戸の展望台からは国見岳の右に被って見えますが、稜線がゴチャゴチャします。見えないなら見えない方がスッキリしていいと思います。

三重県員弁《いなべ》郡東員《とういん》町のコスモス畑からは6座同時に見えました。（写真m12・3）

m12.3　東員町から全景

m12.4　名古屋テレビ塔から

m12.5　ミッドランドスクエアから

m12.6　滝の水公園から鈴鹿セブンマウンテン北部

近景のコスモス畑はいいのだけれど、山は住宅と重なってちょっと落ち着かないです。藤原岳の三角に削られた採石場も目立ちますね。

さて名古屋から見た写真です。名古屋市北部からだとビルの狭間になります。写真m12・4は名古屋テレビ塔から、写真m12・5は名古屋駅前のミッドランドスクエアからです。

南部からの方がきれいに見えます。写真m12・6は、緑区・滝の水公園からの夕景です。御在所岳から北側です。藤原岳の途中から手前に養老山地が被ってきます。

写真m12・7は釈迦ヶ岳から南側です。入道山のさらに南、鈴鹿峠付近まで見えています。

この写真には、東海環状道の「名港トリトン」の三つの吊り橋も見えます。左から青2本、白2本、小さい赤4本です。

他が2本なのに赤が小さい橋4本なのは、名古屋西部は地盤が悪いので、4本に分けて荷重を分散したそうです。

写真m12・8は名港ポートビルの展望パネルの写真です。ここからも障害物がなくきれいに見えるようです。

m12.8　名港ポートビルの展望パネル

m12.7 滝の水公園から鈴鹿セブンマウンテン南部

m12.9　ロープウェイの白い鉄塔

m12.10　御在所岳の遠望（八事のビルから）

御在所岳はロープウェイの大きな白い鉄塔（写真m12・9）も目立ちます。条件がよければ、名古屋からもそれを確認できます。

写真m12・10は八事付近のビルから2023年5月24日早朝に撮った写真です。山肌に白く見えるのは谷筋の岩肌が多いですが、左端の直線的な1本はロープウェイの鉄塔です。

最後に知多半島の美浜町から撮った写真m12・11です。伊勢湾をはさんだ対岸なので、視界をさえぎるものはありません。

竜ヶ岳と藤原岳です。

「富山湾からの立山連峰」のように見えませんか？？

②どんな山？

メジャーな観光地です。

「鈴鹿セブンマウンテン」のキャンペーンが始まったのは1964年です。くしくも深田久弥氏の『日本百名山』の発行と同じ年です。高度成長期の真っただ中です。ともに日本の第一次登山ブーム、アウトドアブーム

m12.11　美浜町からの鈴鹿山脈

をけん引したコンセプトです。

当時は移動も鉄道が主だったと思います。交通アクセス、文化・歴史的価値も含めて、それぞれ「セブンマウンテン」「百名山」が選ばれたのだと思います。

その後バブル期の第二次アウトドアブームを経て、今は第三次アウトドアブームです。

過去二回のブームは好景気の中で興り不景気と共に下火になりました。でも現在の第三次ブームは不景気の中で興っているのです。

第二次ブームで装備は高機能化、高価格化しましたが、第三次ブームでは、安く買えるようになりました。100円ショップで買える道具もあります。

登山やキャンプは、やり方次第で「お金がなくてもできる遊び」なのです。

ブームである以上、やがて下火になるとは思いますが、積み重ねられた経験は「文化」として定着していくと思います。

初期にはビギナーが増えて（知らないからこそ）マナーは低下します。でも長く続いて定着する頃には、マナーも向上するであろうことを願います。

3-4 東方向の山々

東方向の山々を地図３・４を示します。上方は三列の山並みが右上がりに並んでいます。

一番手前が三国山《みくにやま》と猿投山《さなげやま》。東を見れば嫌でも（嫌でなくても）目に入ります。

次が恵那山《えなさん》から大川入山《おおかわいりやま》、高嶺山《たかねやま》に続く山並み。そして治部坂峠《じぶざかとうげ》をはさんで蛇峠山《じゃとうげやま》があります。

名古屋からでも場所によっては、部分的に見えます。でも西三河からなら通しで見えますので、それらについては「西三河から見たい山」（76頁）で紹介します。

南アルプスの赤石岳《あかいしだけ》、聖岳《ひじりだけ》。条件がよければ上河《かみこ》内岳《うちだけ》も名古屋南部からは見えます。これが見える大都市は日本に二つしかない唯二の立地条件です。

本節ではもう一つ、東南方向に見える焙烙山《ほうろくやま》と六《ろく》所山《しょさん》も紹介します。

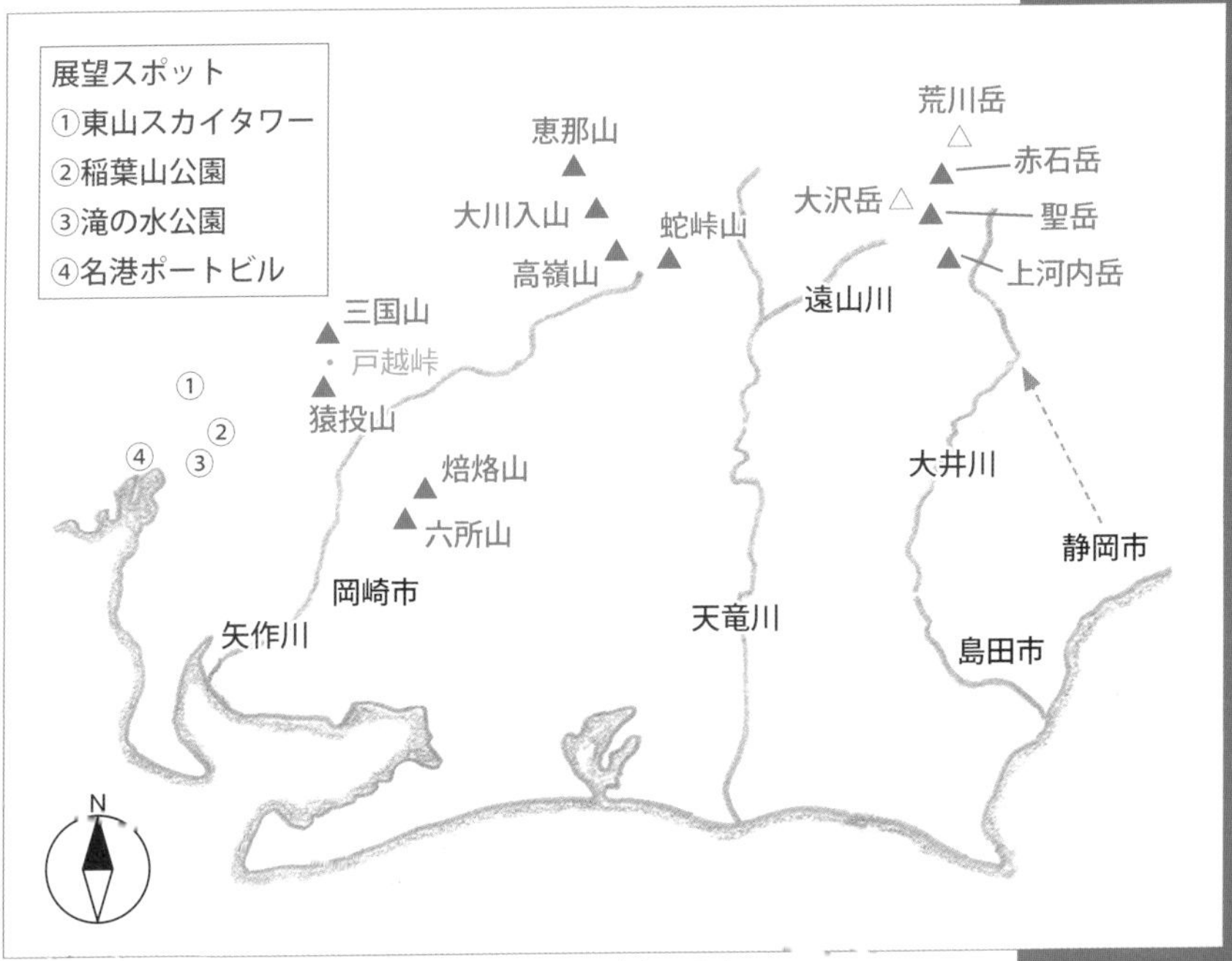

地図 3.4　東方の山々

m13.1　尾張旭市からの三国山と猿投山

13 三国山《みくにやま》(701m)と猿投山《さなげやま》(629m)

①見つけ方

東北東の方向を見れば、探さなくても目に入る山です。左が三国山、右が猿投山です。

見る位置によって、二つの間の山の形が変わっていきます。

・西北西（尾張旭市）から（写真m13・1）

猿投山の北側は急斜面に見えます。

・西（中区金山・名古屋都市センター）から（写真m13・2）

・西南西（緑区・滝の水公園）から（写真m13・3）

間に小山が見えるようになります。

三国山には電波塔（写真m13・4）がたくさん立っていますので、それも目印になります。

②どんな山？

「三国山」は「三つの国の境界の山」という意味なので、全国にたくさんあります。

ここの三国山は尾張・三河・美濃国の境界の山です。ですから名古屋から三国山の向こうの山が見えにくくてもいたしかたないことです。

m13.2　名古屋都市センターから

m13.3　滝の水公園から

m13.4　三国山の電波塔

m13.5　新緑の猿投山

猿投山はその南側の山です。尾張国と三河国との境です。その南麓を猿投グリーンロードが走っています。猿投ＩＣの北側からの写真m13・5ですが、東海環状道が貫通しています。

5月上旬には、新緑の緑だった山肌がモコモコと黄色く染まります。シイノキの雄花です。毎年こんなにシイノキがいっぱいあるなら、秋にはシイの実がいっぱい拾えるかな？　と思うのですが、いつもその頃にはスッカリ忘れています。

三国山、猿投山の間の峠が戸越峠です。瀬戸市から旧・藤岡町（現・豊田市）へ抜けるルートです。名古屋からは戸越峠越しに南アルプスの山が見えます。

見る場所によって見える山は変わります。江戸時代には「戸越峠の向こうに富士山が見える」という話が広まり、数多くの絵が描かれました。これについては別途コラム（89頁）で取り上げます。

猿投山という名前

猿投山の由来としてよく紹介される伝承では、

「景行天皇が伊勢に行ったとき、かわいがっていた猿が不祥事をしたので海に投げた…」

という逸話です。

でも猿投神社の「神社由緒」には、「諸説あって断定は難しい」と書かれています。

例えば、

『延喜式神明帳』では「狭投」という表記になっている。

『社蔵縁起書』には、猿の話が出てくる。

『古事記』や『日本書記』には、猿を投げる話や猿投の名は出てこない。

などです。

ここからは私見です。

古代日本には「ことば」はあっても「文字」がなかったので、「漢字」は「発音」に合わせて適当に当てたものが多い。

その「漢字の意味をもとにした説明」は後付けが多い、と思っています。

「さなぐ」という地名もあります。「佐那県」（三重県）と当てられています。これはいかにも「発音」に当てたように思われます。

「さなげ」という地名には、その音に当てて「狭投」や「猿投」と表記されました。

そして「猿投」の方が広まったのです。「動物の猿」は関係ないですね。「さ」の発音だけです。

神社の「鳥居」の由来も、「生き物の鳥」は関係なく発音だけだと思います。

「天照大御神が天の岩戸に隠れた時、八百万の神が鳴かせた鶏がとまった木を起源とする」という説もあります。

でも神社本庁のホームページには「諸説あり」とされています。

木造建築は縄文時代から日本の得意技であり、漢字を当てる前から建築部材の「ことば」はあったはずです。

かもい、すじかい、しきい、かすがい……そして「とりい」もそうだと思います。

「鴨居」は、戸板と噛むから「かもい」です。鳥の鴨は関係ないです。「鳥居」も、下を通るから「とおりい」が語源という説があります。

私もそれが正しいと思います。

そんなこんなで漢字は難しい。そしていい加減（なんでもあり）です。

m14.1　滝の水公園からの南アルプス

14 南アルプス赤石岳《あかいしだけ》（3120m）と聖岳《ひじりだけ》（3013m）

①見つけ方

赤石岳と聖岳が見えるのは名古屋市南部です。おおむね地図3・4（66頁）で猿投山と荒川岳《あらかわだけ》を結んだ線より下側です。したがって定光寺野外活動センターや名古屋の主な展望台（東山スカイタワー、名古屋テレビ塔、ミッドランドスクエア）からは見えません。

名古屋東部なら八事付近より南、西部なら国道23号弥富付近になります。

写真m14・1は緑区・滝の水公園からの日の出頃の写真です。この時間帯は稜線のシルエットがはっきりしてわかりやすいのです。三列の山並みの全体像がわかります。

一番手前が猿投山から続く山並みです。

二列目が大川入山《おおかわいりやま》～高嶺山《たかみねやま》、峠をはさんで蛇峠山《じゃとうげやま》です。

三列目が南アルプスです。

荒川岳は蛇峠山と重なってしまいます。その右に赤石岳、聖岳、上河内岳《かみこうちだけ》が見えます。冬の南アルプスを拡大したのが写真m14・2です。

写真m14・3は天白区・稲葉山公園からです。三国山・猿投山が目立ちますが、その右側を拡大（写真m14・4）すると、ビルの狭間に赤石岳、聖岳が確

m14.2　冬の南アルプス（滝の水公園から）

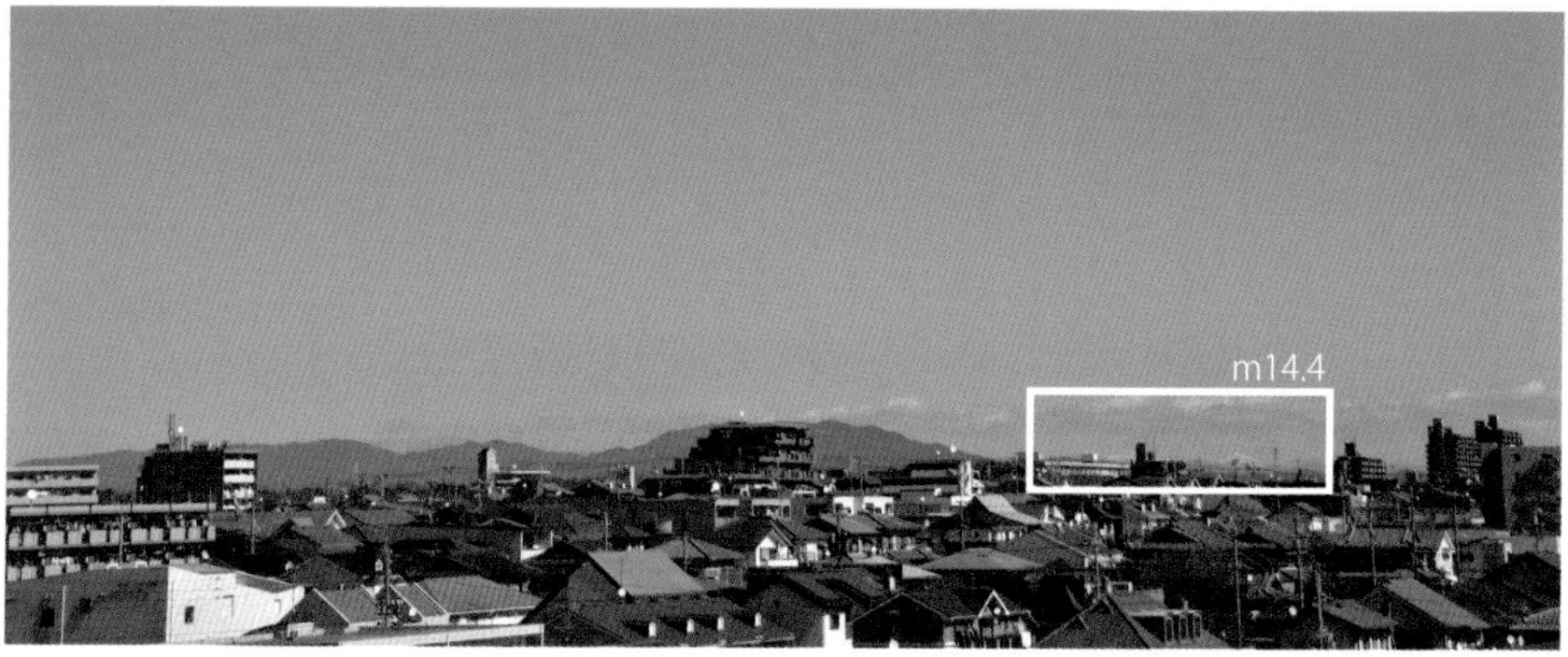

m14.3　稲葉山から

m14.4　稲葉山からの赤石岳と聖岳

m14.5　日光川河口から

m14.6　名港ポートビルの展示パネル

認できます。

写真m14・5は日光川河口からの赤石岳、聖岳です。

赤石岳の左にあるのは蛇峠山に隠された荒川岳です。名古屋からは南アルプスの荒川岳より北の山は見えません。

名古屋港ポートビルからも見えます。展望台の展示パネル（写真m14・6）です。

ここでは聖岳の右の上河内岳も白い雪山として書かれています。赤石岳の左の荒川岳は、やはり蛇峠山と被って描かれています。

また展示パネルには「（茶臼山）」と書かれていますが、（ ）付きの意味は、この方向にあるけど見えないということです。

茶臼山は愛知県の最高峰ではあるのですが、なかなか見えにくいようです。

もう一つ南知多町からの写真m14・7です。

ここまで来ると（名古屋より50㎞南）、蛇峠山もジャマにならず荒川岳も見えます。

また、さらに右斜めから見ることになり、それぞれの山の間隔が詰まっています。

m14.7　南知多からの南アルプス

②どんな山？

赤石岳は南アルプス南部の主峰です。

聖岳は南アルプス最南の３０００m級の山です。

ここで書きたいのは、

「名古屋は聖岳が見える、日本で唯二の大都市である」

ということです。

唯一でないのは、もう一カ所、静岡市からも見えるからです。

地図３・４（66頁）で川に注目してみましょう。

西側は遠山川が聖岳から名古屋の方に向かって流れ、天竜川に合流します。その途中に名古屋からの視界をさえぎるものはありません。さらにその手前、矢作川の上流も名古屋方向に向かって流れています。この二つの川の「窓」があるので、名古屋からきれいに見られるのです。

東側を見ると大井川の上流は静岡市に向かって流れています。ですから静岡市街地からも赤石岳、聖岳は見られます。

その一方、聖岳の北西には大沢岳《おおさわだけ》（２８２０m）があります。伊那谷からは大沢岳に隠されてしまうので、聖岳は見えません。

そんなわけで、静岡市と名古屋市が赤石岳、聖岳が見られる唯二の大都市なのです。

m15.1　焙烙山と六所山（東山スカイタワーから）

m15.2　滝の水公園から

15 焙烙山《ほうろくやま》（684m）と六所山《ろくしょさん》（611m）

①見つけ方

名古屋から東南東方向に「二つセット」で見える山があります。写真m15・1は東山スカイタワーからです。広い範囲（左右それぞれ20度）で、目立つ山はここしかありません。合計40度の範囲で、ここだけ目立ちます。

写真m15・2は緑区・滝の水公園からの拡大写真です。左が焙烙山、なだらかな三角の山です。右が六所山、頂上が少しガタガタしています。

②どんな山？

名古屋方面からはどこから見ても「二つセット」で見えるので、すぐにそれとわかります。

芸能人に例えれば「阿佐ヶ谷姉妹」のような山です。一人とすれ違っても誰だかわかりませんが、二人並んで歩いてくれば「阿佐ヶ谷姉妹」だとすぐにわかります。そんな山です。（個人の感想です）

この山の手前が豊田市街地、右が岡崎市、そして山の向こうが旧・下山村（三河湖のあるところ）です。この方向のランドマークとなる山です。

3-5 西三河から見たい山々

名古屋からだと恵那山は、手前に三国山があり、上の方しか見えません。全く見えないのとは大きな差ではありますが、なんともフラストレーションのたまる見え方です。

そこで名古屋から見えにくいなら、猿投山より東側である西三河にまわって見てみようということです。

前節の地図3・4の恵那山周辺を拡大した地図3・5で見ていきます。ここには先の地図には描かなかった山や川も描いてあります。

拡大して見ると恵那山の前に恩田《おんだ》大川入山《おおかわいりやま》（1921m）があります。この山が分水嶺の中心です。南に

地図 3.5　西三河から見たい山々

焼山《やけやま》（1710m）へ続く稜線、東に高嶺山に続く稜線があります。そして北は恵那山に繋がっています。

恵那山と焼山の間は中津川が流れ木曽川に合流します。焼山の南側は矢作川水系です。

柳川の砂防堰

そして大川入山の北側は天竜川水系です。

焼山があるために西三河から見ても、恵那山の山肌の下の方は、はっきり分離して見えなくなります。これは白山と別山との関係と同じ状況です。それも頭に入れておきましょう。

柳川の矢作川源流の碑

矢作川は上流で二つに分かれます。稲武《いなぶ》方面から名倉川《なぐらがわ》、根羽《ねば》方面から根羽川、そして大川入山からの上村川《かみむらがわ》です。

流域面積が一番広いのは上村川です。その支流・柳川の砂防堰の手前に「源流の碑」があります。でも本当の源流は堰の上流にあり、道はないです。

最近（平成20年）、根羽川の上流（茶臼山）に、もう一つの源流の碑ができました。「水源を守ろう交流事業」の一環のようです。

また「根羽川」の表記も「矢作川」に変更されているようです。

m16.1　刈谷ハイウェイオアシス観覧車から

16 恵那山《えなさん》（2191m）

①見つけ方

西三河からの展望スポットは、刈谷ハイウェイオアシス・オアシス館2階展望テラスや観覧車です。観覧車から撮ったのが写真m16・1です。

ここから見ると、左端の猿投山・三国山の右に中央アルプス、恵那山、大川入山から高嶺山、また治部坂峠をはさんで蛇峠山まで、すべて見えます。

この途切れなく見える稜線を見たかったのです♪

②どんな山？

恵那山の拡大写真が写真m16・3です。なだらかな稜線の山ですが、二つの白く目立つ谷が景観を引き締めています。

でも中腹から下は焼山などの稜線が入るので、ここから下側は、はっきり見えません。

写真2・3（18頁）を見ると、日光川河口からでもこのくらいまでは見えて

m16.2　刈谷ハイウェイオアシス・オアシス館

m16.3　恵那山

います。あらためて「遠くから見る」効果を実感します。

地図3・5をもう一度見ると、北側の木曽路・馬籠《まごめ》宿方面からは、大きくジャマになる山がありません。つまり恵那山のベストビューポイントは馬籠宿になるかな？　馬籠宿からの写真m16・4です。確かに落ち着きますね。

「ボヘミアン」で有名なロックシンガー、故・葛城ユキさんをご存知でしょうか？

彼女のデビュー曲は「木曽は山の中」（1974年）というフォーク調の曲でした。恵那山も登場するしっとりとした曲です。

m16.4　馬籠宿展望広場から

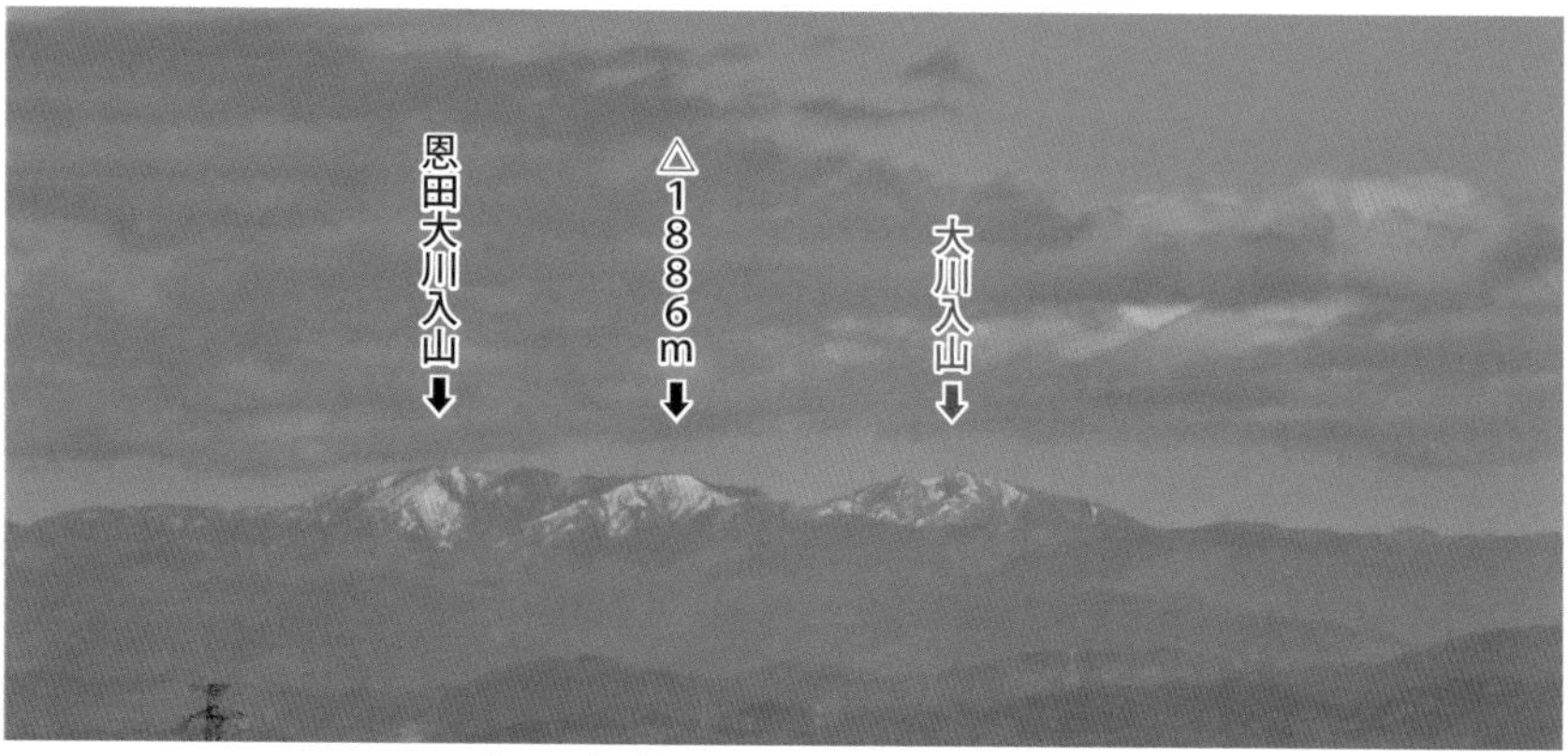

m17.1　大川入山（刈谷ハイウェイオアシス観覧車から）

17 大川入山《おおかわいりやま》（1907m）～高嶺山《たかねやま》（1599m）と蛇峠山《じゃとうげやま》（1664m）

①見つけ方

大川入山は恵那山から尾根続きの山（写真m17・1）です。恵那山より低いですが、こちらの方が雪は積もるようです。

右端のピークが大川入山。左端のピークが恩田大川入山（1921m）。その二つの間に△1886mのピークがあります。

大川入山の前に二つ並んだ黒っぽい谷が特徴的です。文字の繰り返し記号「〃」のようです。

②どんな山？

登山道の整備が遅かったこともあり、『日本百名山』（深田久弥）には入っていません。でも登山者には恵那山よりこちらの方が人気です。アクセスも眺望もいいのです。でも一般にはちょっと馴染みがないですよね。そこで国道153号を北に走って、順に見ていきます。

写真m17・2は、みよし市の映画館の前から撮ったものです。手前の高圧電線が目立ちますが、大川入山～高嶺山～治部坂峠をはさんで蛇峠山まで、すべて見えています。

m17.2　みよし市の映画館の前から

m17.3　国道 153 号水別峠の北から

伊勢神トンネルを越え水別峠《みずわかれとうげ》も越えると、稲武の町へ向かう長い下り坂になります。

その途中からの写真m17・3です。遠景に見えるのが蛇峠山です。

さらに北へ走って長野県に入り、赤坂峠を越え平谷村に入ると高嶺山（写真m17・4）が見えてきます。

雪を被って見えるのは、高嶺山の手前の長者峰《ちょうじゃみね》（1574m）です。ここまでは車で上がれます。

m17.4　平谷村からの高嶺山（長者峰）

m17.5　長者峰からの大川入山

写真m17・5は長者峰から見た大川入山です。右側のピークが大川入山です。その下の谷が、遠景では「〃」マークに見える谷ですね。恩田大川入山は左側は△1886ピークです。恩田大川入山は△1886ピークに隠れるようです。

写真m17・6は同じく長者峰から見た蛇峠山です。電波塔が目立ちます。ここは昔、武田信玄の「のろし台」があった山です。昔から見通しがよかったわけです。

さて長者峰を下りて再び国道153号を北へ走ります。治部坂峠を越えると治部坂高原です。冬はスキー場、夏は観光リフトになっています。このスキー場の奥の山が蛇峠山です。

写真m17・7は秋の治部坂高原のコスモス畑越しの蛇峠山です。

写真m17・8は反対側の大川入山です。写真m17・9は別の季節の一枚です。三角に尖っています。観光パンフレットに出る大川入山は、この方向からの写真です。登山道も治部坂峠からがメインコースです。

m17.6　長者峰からの蛇峠山

「大川入山の赤い羊」というのもあります。

実際には羊ではなくて、笹原に点々と生えている赤いドウダンツツジが羊のように見えるというものです。しかし先の写真ではよくわかりません。登らないとだめかな？

m17.7　コスモス畑越しの蛇峠山

m17.8　治部坂高原からの大川入山

m17.9　晩秋の大川入山

3-6 知多半島から見たい山

愛知県で富士山が見える場所を調べると、色々出てきます。

パソコンソフト・カシミール３Ｄの解析結果として愛知県の地図に富士山が見えるエリアを色分けした図も出てきます。

地図３・６に概要を記します。赤い場所は富士山が見えるエリアです。直線的に区切られているのは、ある山にさえぎられ見えないということです。見える場所は大きくは三つに分かれています。

渥美半島ではほぼ見えます。ただ先端付近の雨乞山《あまごいやま》～大山《おおやま》で隠れるエリアは見えません。同様に半島付け根の蔵《ざ》王山《おうさん》～藤尾山《ふじおやま》で隠れるエリア、豊橋市の坊ヶ峰《ぼうがみね》～神石山《かみいしやま》で隠れるエリアも見えません。

知多半島では先端付近とちょっと離れて河和付近で見えます。これは三ヶ根山《さんがねさん》などで隠されて、見えるエリアが分かれるようです。

蔵王山や本宮山《ほんぐうさん》など、山の頂上から見える場所もあります。

名古屋から便利な場所は、知多半島先端ですね。知多半島道路・豊丘ＩＣを出れば日帰りでグルっとまわれます。

地図 3.6　愛知県で富士山が見えるエリア

m18.1　観光農園前からの南アルプス

18 富士山《ふじさん》（3776m）

2022年1月5日。絶好の天気だったので、知多半島先端へ出かけました。

まずは豊丘ＩＣから程近い観光農園の前です。南知多で一番標高の高そうなエリアです。正面に見えるのは南アルプス・荒川岳、赤石岳、聖岳、上河内岳です。（写真ｍ18・1）

名古屋からさらに斜めに見ることになるので山と山の間隔が狭い、というよりくっついて見えます。

富士山はもう少し右であろうと見ていくと…ありました！

手前の山の右側、少しだけ顔を出しています。（写真ｍ18・2）

ここから見えることはわかりました。

でも私が見たかったのはコレじゃない。

頭の台形がすべて見える、富士山のカ

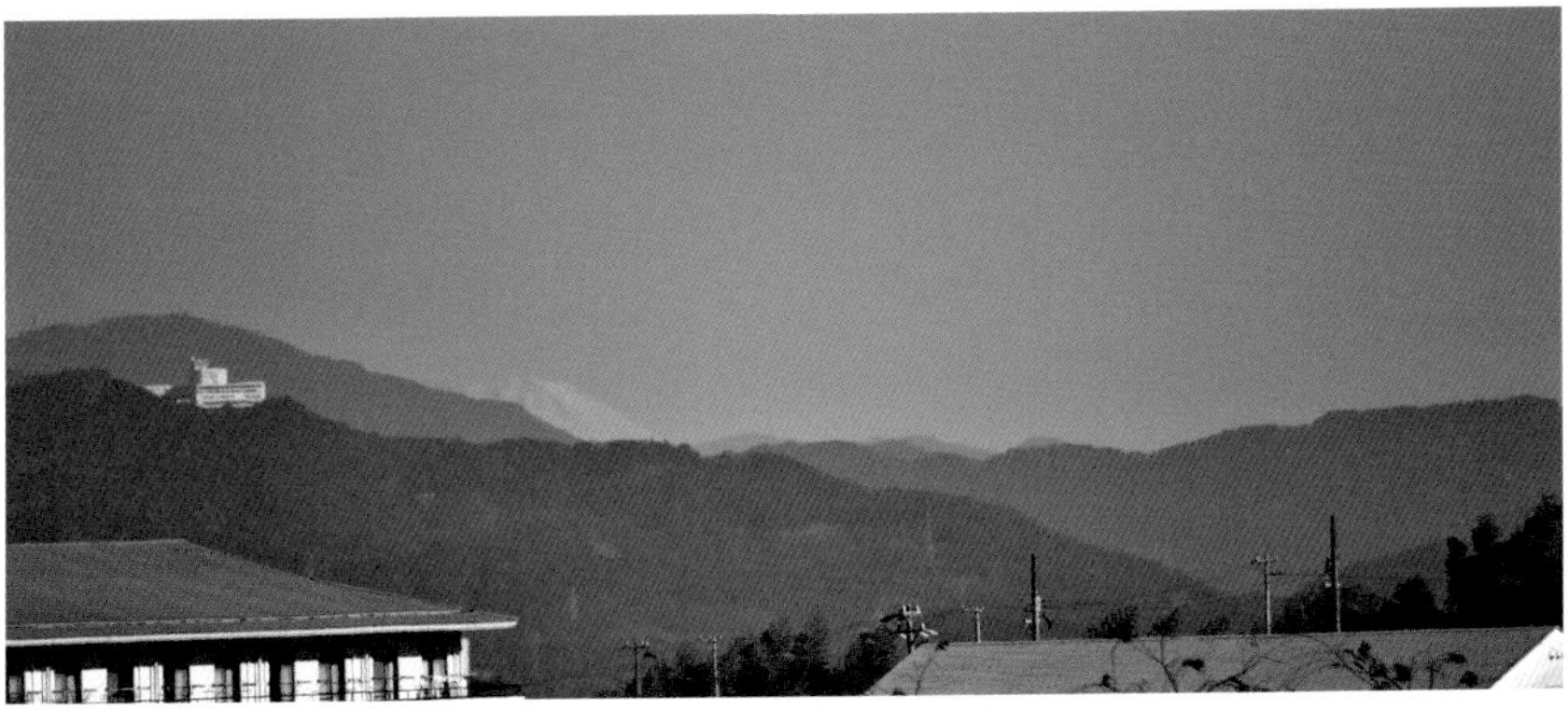
m18.2　観光農園前からの富士山

m18.4　聖崎公園からの富士山

タチ。いわゆる「富士山型の富士山」を見たいわけです。

そこで、もう少し南に行ってみようということで、大井漁港へ行きました。

大井漁港は三河湾側の港です。「魚ひろば」で有名な豊浜漁港とは半島をはさんで反対側になります。漁港の南側が聖崎《ひじりさき》公園（写真m18・3）として整備されています。

そこから見た富士山が写真m18・4（色調を調整しています）です。

頂上が平らなので、富士山だとわかります。頂上の平らな部分の大きさは角度で約

m18.3　聖崎公園

m18.5　富士山の表示と弘法上陸大師像

m18.6　弘法上陸大師像

0・5度。第1章で書いた太陽と同じくらいの大きさです。肉眼でも十分わかるタカチです。

左奥の山が本宮山《ほんぐうさん》。富士山のすぐ左は三ヶ根山のようです。

海岸に降りて歩いていくと、海の中に弘法大師の像（写真m18・5、m18・6）があります。なんでもこの場所から尾張に上陸されたとのこと。その看板にも富士山が見えると書かれています。知ってる人は知ってる場所だったんですね。

看板には「条件が整えばこの位置に…」と書かれており、なかなかみられる日はないようです。この日もよく晴れてはいましたが、強風吹きすさぶ、ものすごく寒い日でした。

さてカシミール3Dの解析による「富士山が見えるエリア」（84頁）というのは、必ずしも「富士山形の富士山」が見えるわけではなく、「富士山の三角点が見えるエリア」のようです。つまり富士山の頂上の半分以上は見えるよ、という場所です。

「富士山形の富士山」を見たい場合には、もう少し場所が絞られますので、事前にそのエリアの情報を調べた方がいいと思います。

『富士見の謎』（田代博）によれば、渥美半島の立馬崎、蔵王山。豊橋市の富士見台第４公園。湖西連峰の富士見岩。新城市の本宮山（７８９m）などは大丈夫そうです。

そのなかの一つ、蔵王山（２５０m）へ行ってみました。ここは頂上まで車で上がれます。立派な屋内展望台（写真m18・7）があります。きれいな展望写真のパネル（写真m18・8）もあります。南アルプスの北岳《きただけ》付近から富士山まで、ぐるっと見られるようです。

m18.7　蔵王山展望台

m18.8　蔵王山展望台の展示パネル

m18.9　伊良湖菜の花ガーデン

展示パネルの写真から富士山頂上の平坦地が約０・５度とすると、上下方向も１・５度くらい見えています。石巻山《いしまきやま》が近くにあるのもいいですね。

でもなかなか富十山が見られるような気象条件のいい日はありません。この日は石巻山さえ霞んで見えませんでした。

そんな時は「伊良湖菜の花ガーデン」（写真m18・9）など、渥美半島の観光地を楽しみましょう。

北斎「尾州不二見原」の富士山とは？

　江戸時代には、名古屋から見た富士山の絵がいくつも描かれました。富士見原（不二見原）からの絵です。現在の中区上前津付近になります。

　富士見原からの絵が描かれた経緯を調べてみました。

（1）時系列で見てみる

　時系列に見ていくと「伝言ゲーム」のように、話がどんどん変わっていくのがわかります。

①1707年、富士山（宝永山）の噴火の煙が、名古屋城周辺から猿投山の左に見えた。（『鸚鵡《おうむ》籠中記《ろうちゅうき》』尾張藩士・朝日文左衛門重章の日記：1691～1718年）

↓これが大もとかな？

②その後「御軍用図引金城眺望録」（名古屋市博物館所蔵）がつくられる。

　名古屋城の軍事目的で描かれた図です。円の中心に名古屋城を描き、そこから放射状に周囲の山や建物を描いた図です。他にパノラマ図も描かれました。

　そこに富士山も描かれたのです。以降その写しが公式資料として幕末まで使われたようです。

↓ここで「噴火の煙が見えた話」が「富士山が見える話」に変わっています。

③1812年、尾張藩士・高力猿猴庵が「富士見原真景之図」（名古屋市鶴舞中央図書館蔵）を作成。

　富士見原から富士山が見えるというパノラマ図です。

↓ここで「名古屋城から」ではなく「富士見原から」見える話に変わっています。

↓もう一つ注目は、この図ができる前から「富士見原」という地名であったということです。

　東側の眺望が開けた台地であり、

葛飾北斎「富嶽三十六景 尾州不二見原」

『尾張名所図会』「富士見原」

そういう願望があったのでしょう。その願望が、「ここに見える雪山は富士山に違いない」と思わせてしまったのだと思います。

④1831年、葛飾北斎が「富嶽三十六景 尾州不二見原」を発表。大きな桶の中から富士山が見えるという大胆な構図です。富士山は平坦な森（山？）の上に描かれています。

⑤1844年、尾張藩士・岡田文園らが『尾張名所図会』を発行。巻二に富士見原の図があります。猿投山の左に富士山を描いています。

⑥同年、尾張藩の官製地誌では「戸越峠（三国山と猿投山の間）越しに見えるのは、甲斐・信濃国境の山（南アルプスのこと）である」として、富士山を否定しています。↓尾張藩の公式文書では否定しているのですが、その後も戸越峠越しの富士山の絵は描かれ続けられたようです。山の測量図もない時代なので、明確に否定する証拠にはならなかったのでしょう。

⑦現代では正確な測量図をもとに、パソコンソフト・カシミール3Dで解析されています。（1994年〜）

結論として、名古屋からは富士山は見えません。富士見原から見えるのは南アルプスの聖岳であることがわかっています。

（2）江戸時代の人はなぜ富士山と間違えたのか？

「富士山であって欲しい」という願望は理解できます。でも独立峰である富士山と南アルプスという山脈を間違えるには願望だけではない要因も必要だと思います。

地図c7・1は、その要因を探る「点と線」を加えた名古屋周辺図です。

地下鉄・名城線に沿って見ていきます。スマホアプリ・AR山ナビの助けも借りました。

実際にはビルに邪魔されて見えな

くてもＡＲ山ナビの「地形モード」を使いスマホを向ければ、その場所が「こうなっている」という画像が表示されます。

①名古屋城駅前

猿投山の左に富士山があります。南アルプスの鶏冠山《とさかやま》も表示されています。（写真ｃ７・１）

噴火の煙は見えたとしても、富士山自体は鶏冠山から繋がる稜線で隠されるようです。

②久屋大通駅前（名古屋テレビ塔横）

猿投山の左、三国山寄りに上河内岳があります。（写真ｃ７・２）

名古屋テレビ塔からの写真ｃ７・３です。上河内岳の三角の頭だけが出ています。

③上前津駅２番出口付近（東南角）

江戸時代の富士見原付近です。聖岳が猿投山の左にドンピシャにあります。（写真ｃ７・４）

ただし実際に写真が撮れるような公共の場所はこの付近にはありません。そこでもう少し南に行って見ま

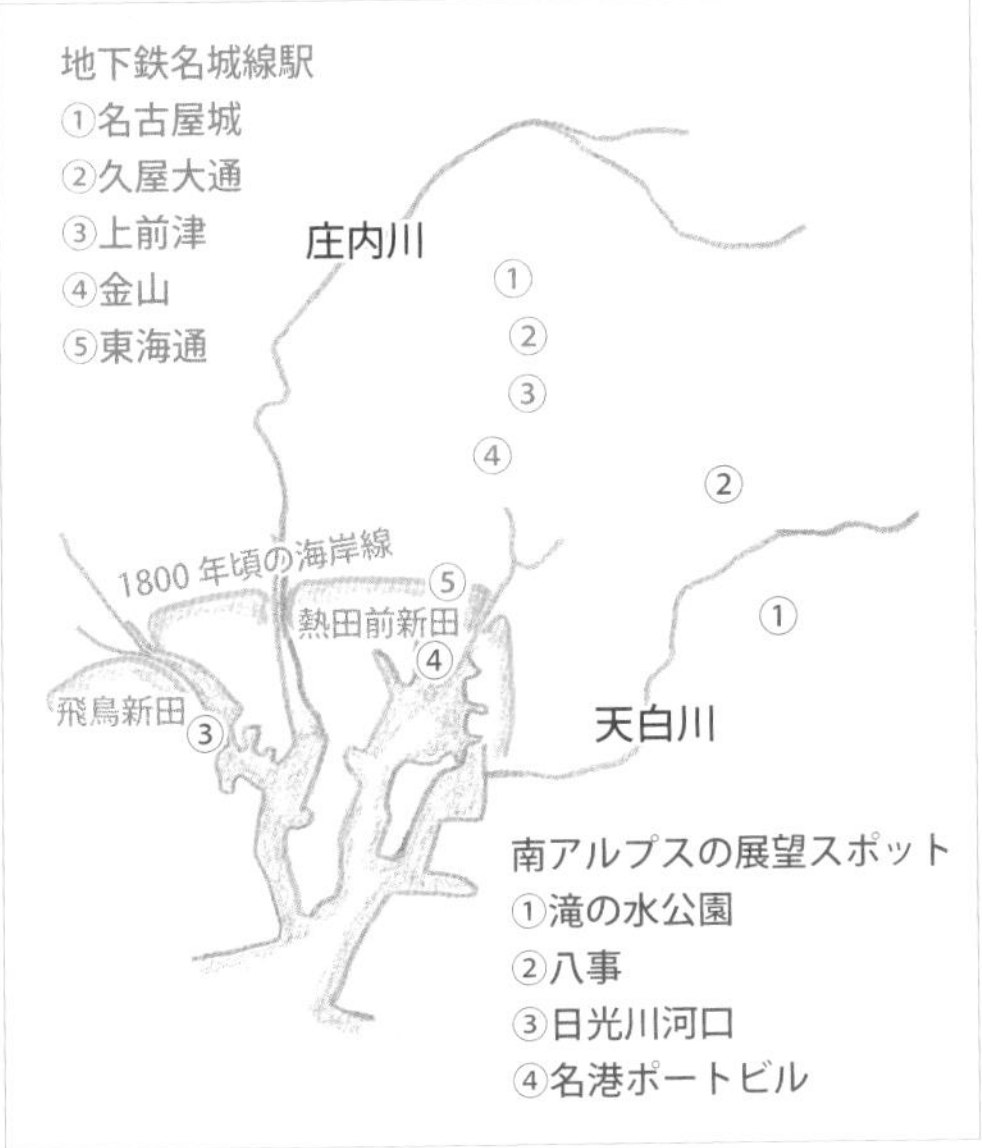

地図ｃ 7.1　名城線に沿った観測地

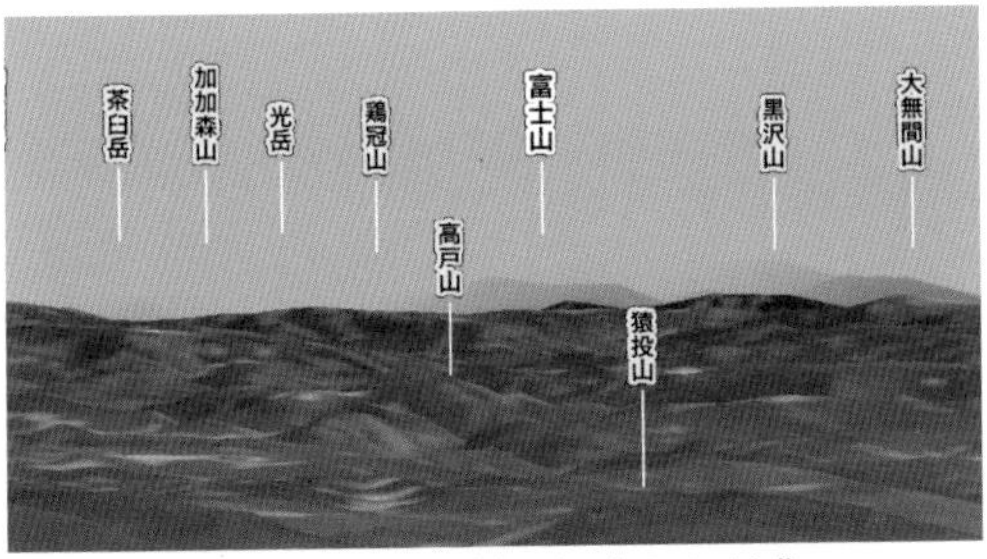

c7.1　名古屋城駅前から（AR 山ナビ）

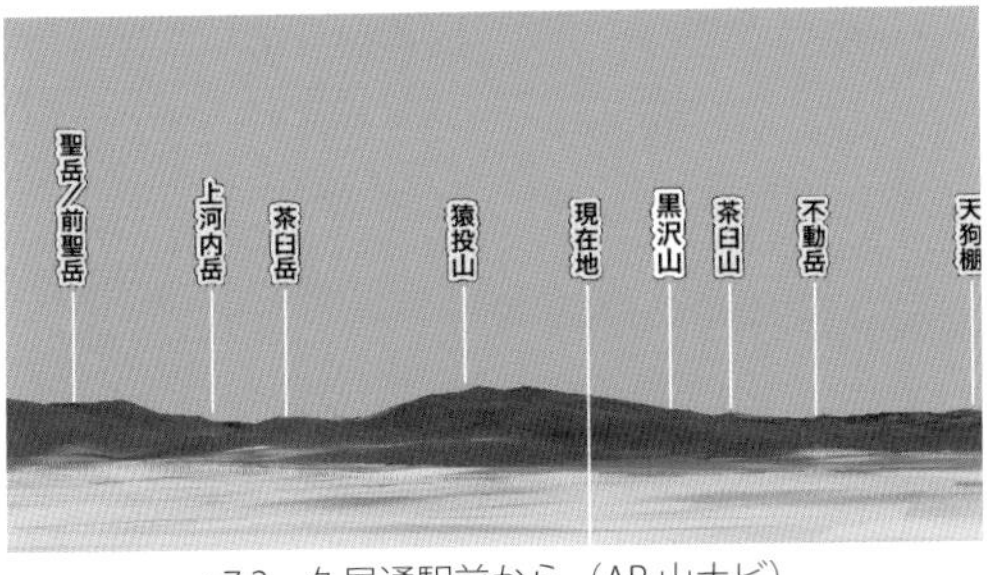

c7.2　久屋通駅前から（AR 山ナビ）

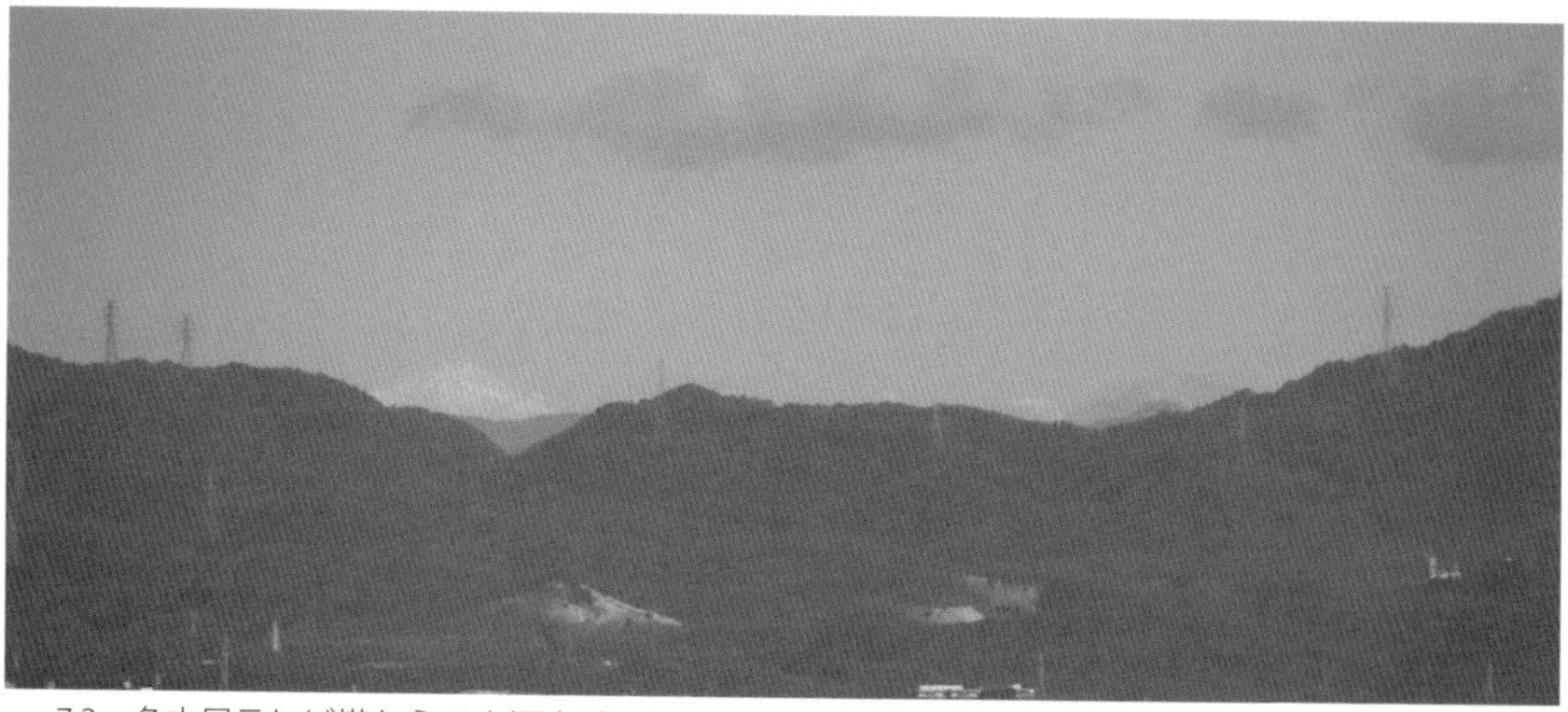
c7.3　名古屋テレビ塔からの上河内岳

した。

④金山駅南側

赤石岳が猿投山のすぐ左にあります（写真c7・5）。聖岳はもう猿投山に隠されています。

ここには名古屋都市センターがあるので、その11階展望フロアから撮ったのが写真c7・6です。

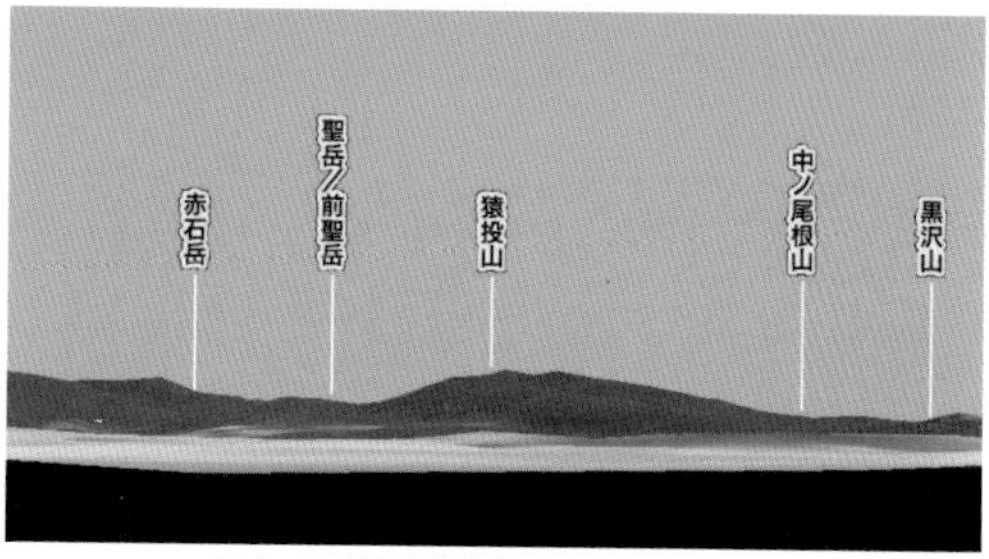

c7.4　上前津駅前から（AR山ナビ）

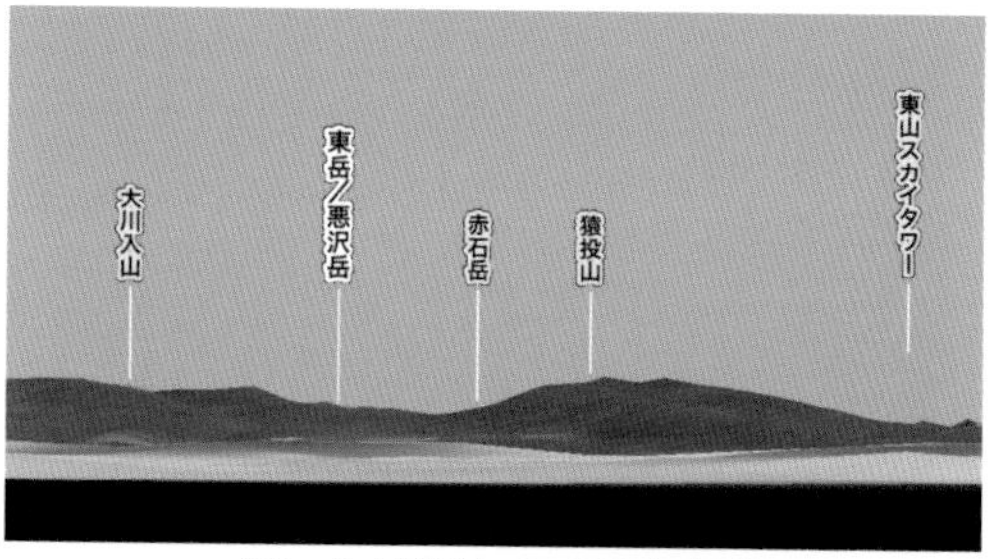

c7.5　金山駅前から（AR山ナビ）

赤石岳がドーンと見えるわけではなく（AR山ナビには表示されていませんが）、三国山と猿投山の奥に高嶺山と蛇峠山が見え、さらにその奥の山が赤石岳です。左側半分くらいです。

つまり、**戸越峠の幅が絶妙なのです。山脈である南アルプスが、あたかも独立峰のように、その間から一**

c7.6　名古屋都市センターから赤石岳

山一山しか見えないのです。

⑤ 東海道駅前

猿投山の右側に、赤石岳も聖岳も並んで出てきました。（写真c7・7）

東海通駅と赤石岳を結ぶ線上に八事があります。もし東海通駅から見通しがきけば、八事からの写真c7・8のように見えるはずです。もう独立峰ではなく南アルプスの連山であるとわかります。

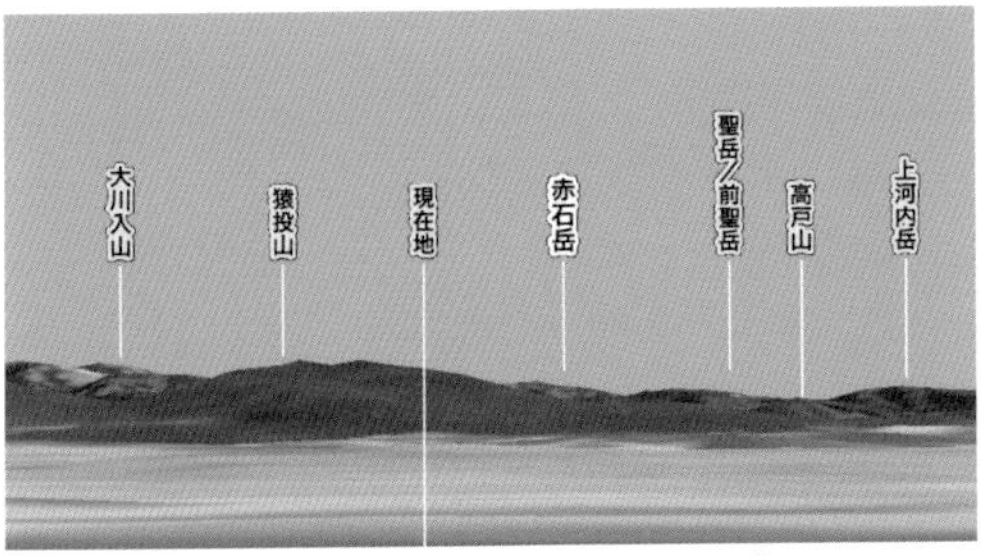

c7.7　東海通駅前から（AR 山ナビ）

しかし、この時代の海岸線は地図C7・1の橙色の線です。

東海通から南は「熱田前新田」の干拓、日光川河口付近も「飛島新田」の干拓が始まった頃です。

また一方、八事や滝ノ水公園の付近は、まだ山の中の森でした。

赤石岳と聖岳の項（71頁）で紹介した展望スポットは、いずれも一般の人が出入りできるような場所ではなかったのです。

つまり、**当時の名古屋の人は、猿投山の右側に南アルプスの雪山が連なる風景を見ることはなかった**のです。

そう考えると上前津（富士見原）から見た景色、三国山と猿投山の狭間の遥か遠くに真っ白な雪山が見え

c7.8　八事からの赤石岳、聖岳

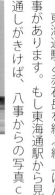

る景色は、貴重で神秘的なものであったでしょう。その絵を描きたい気持ちもわかりますね。

（3）北斎は何を描いたのか？

北斎は1812年、1817年と、二度名古屋に滞在しています。一回目に「北斎漫画」の原画を描いています。版元の「永楽屋」も名古屋にあり、名古屋は北斎にとっても特別な場所のようです。

富嶽三十六景は、5回に分けて46枚が書かれていますが、「尾州不二見原」はその最初の10枚に入っています。

北斎が名古屋に滞在した時期、「富士見原から富士山が見える話」を知る機会はあったと思います。でも実際にその雪山を見たかどうか、それを見て富士山だと思ったかどうかは不明のようです。

私は、北斎は不二見原からの雪山を見ていないと思います。北斎は名古屋滞在時に弟子にこう伝えています。

「画に師はいない。波を描こうとすれば海へ、草木を描こうとすれば山野へ行けばよい。人物や鳥獣は自分の左右にいる。つまり画の師は身の周りにあるのだ」（名古屋市博物館『「北斎だるせん！」図録』２０１７年）

描くものをよく観察せよ、ということですね。つまり「富士山を描くなら富士山を見ろ」ということになります。

もし実際に北斎が富士見原からの聖岳を見たのならば「これは富士山ではない」と思ったはずです。「頭が尖った聖岳」と「頭が平らな富士山」を見間違えるはずがありません。

「こりゃ富士山だにゃあ。違うがや〜」（標準語訳：これは富士山ではない。違いますよ）

見ていなかったからこそ、北斎は想像で富士山を書けたのでしょう。猿投山が描かれていないのは、桶の中の風景をスッキリ見せるためかもしれません。

しかし本当のところは北斎にしかわかりません。だから、この話はこれで終わります。

参考文献：名古屋市博物館『「北斎だるせん！」図録』２０１７年

3-7 長野県南端から見たい南アルプス全景

中央アルプスの全景は、名古屋からきれいに見えました。これは、
・遠くから見られる
・斜めから見ることで、コンパクトに見られる
という立地条件だったからです。

南アルプス全景を見るにも、同様の立地条件がよいわけです。長野県南端にはそういう展望スポットがいくつかあります。地図３・７にまとめました。

また、この地図は次節「伊那谷から見たい山々」でも使います。

地図 3.7　長野県南端から伊那谷

m19.1　長者峰からの南アルプス

19 南《みなみ》アルプス全景《ぜんけい》

南アルプス全景が眺められるスポットを4カ所を取り上げます。

①平谷村・長者峰（1574m）から

写真m19・1です。国道153号を走って平谷村に入ります。治部坂峠の手前にドライブウェイ入り口があります。冬季は通行止めとなり、また土砂崩れなどで閉鎖されていることもありますので、事前の道路情報を確認してください。

ここは［17］項で大川入山や蛇峠山の近景を撮った場所です。そこではふれませんでしたが、大川入山と蛇峠山の間に南アルプス全景も見えています。写真の看板の左上が仙丈ヶ岳《せんじょうがたけ》です。そこからズラっと見えて、写真右端で切れているのが上河内岳です。

写真m17・6（82頁）ではさらに池口岳《いけぐちだけ》（2392m）までが見えて、蛇峠山でさえぎられています。

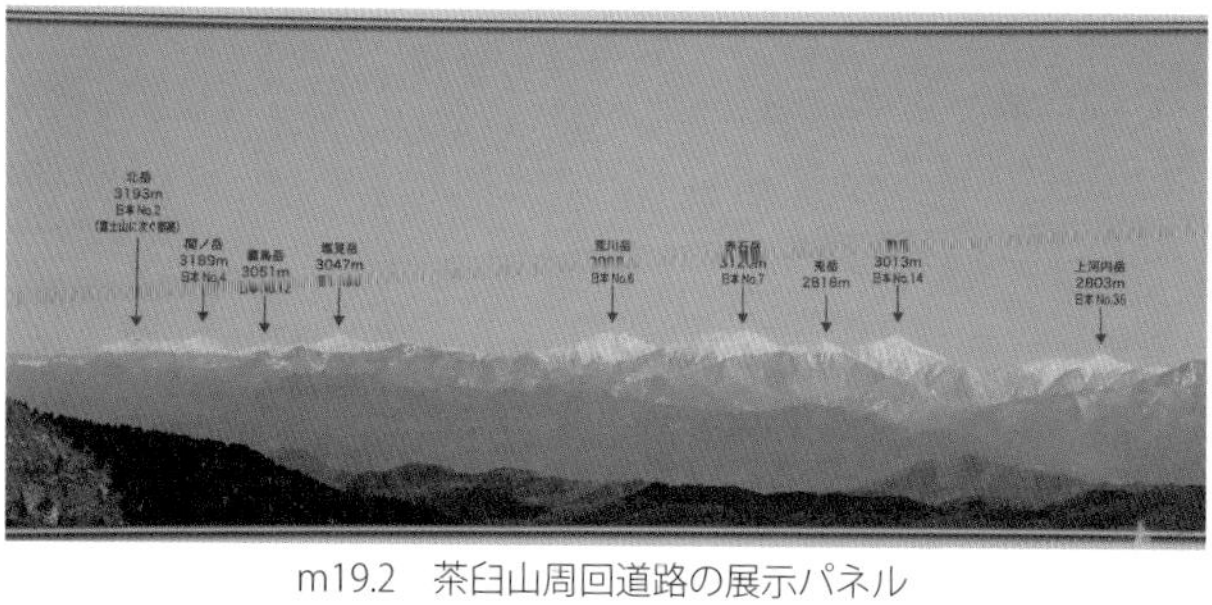

m19.2　茶臼山周回道路の展示パネル

m19.3　茶臼山高原からの南アルプス

m19.4　ヘブンスそのはらロープウェイから

②茶臼山《ちゃうすやま》の周回道路・北側の展望スポットから

周回道路とは書かれていませんが、茶臼山をグルっ一周する道路があります。その北側に看板と駐車スペースがあるので、すぐにわかります。

写真m19・2は展望パネルの部分写真です。ここの展望パネルはすごくきれいです。

③茶臼山高原から

スキー場のリフトで上がります。春は芝桜で有名です。地理的には茶臼山ではなく向かいの萩太《はぎた》郎山《ろうやま》（1358m）になります。その展望スポットからの写真m19・3です。左上の近景の山が茶臼山です。

④ヘブンスそのはら

ロープウェイからの写真m19・

m19.5　ヘブンスそのはら展望台から

m19.6　ヘブンスそのはら　展望パネル

4です。左から荒川岳、赤石岳、聖岳、上河内岳です。

リフトを乗り継いだ展望台からは、もう少し広く見渡せます。（写真m19・5、m19・6）

なお、ここは岐阜県側からだと車で行けます。中津川から神坂峠《かみさかとうげ》、萬岳荘《ばんがくそう》（山小屋）まで車で上がれます。萬岳荘からヘブンスそのはら展望台まではシャトルバスがありますが、歩いても行けます。

3-8 伊那谷から見たい山々

名古屋から恵那山トンネルを抜け伊那谷を通り、信州・安曇野や霧ヶ峰、八ヶ岳《やつがたけ》方面に出かけたことのある方は多いと思います。

でもその途中「中央アルプスの横を走ったはずなのに、中央アルプスを見た記憶がないなぁ…」という人が多いのではないでしょうか？

それもそのはず、伊那谷の中央道の位置は第２章の「山をきれいに見る方法」に反しているのです。

中央アルプス〜伊那谷〜南アルプスの断面のイメージを図３・８に示します。手前側が南（名古屋）、向こう側が北（諏訪）です。

本書をここまで読まれた方は、もうお気づきだと思います。

中央道は中央アルプスに近すぎるのです。中央アルプスを見るならもう少し遠くから見なくてはいけません。広域農道、国道１５３号バイパスからなら、きれいに見られます。

もう一つ、南アルプスはどうでしょう？

確かに中央道は南アルプスからは遠いので、南アルプスは見えます。でも手前に伊那山地があるのでよく見える山もあるけど、今ひとつ見えにくい山もあります。

本書をここまで読まれた方はこう思うでしょう。

「窓のある山はどれだ？」

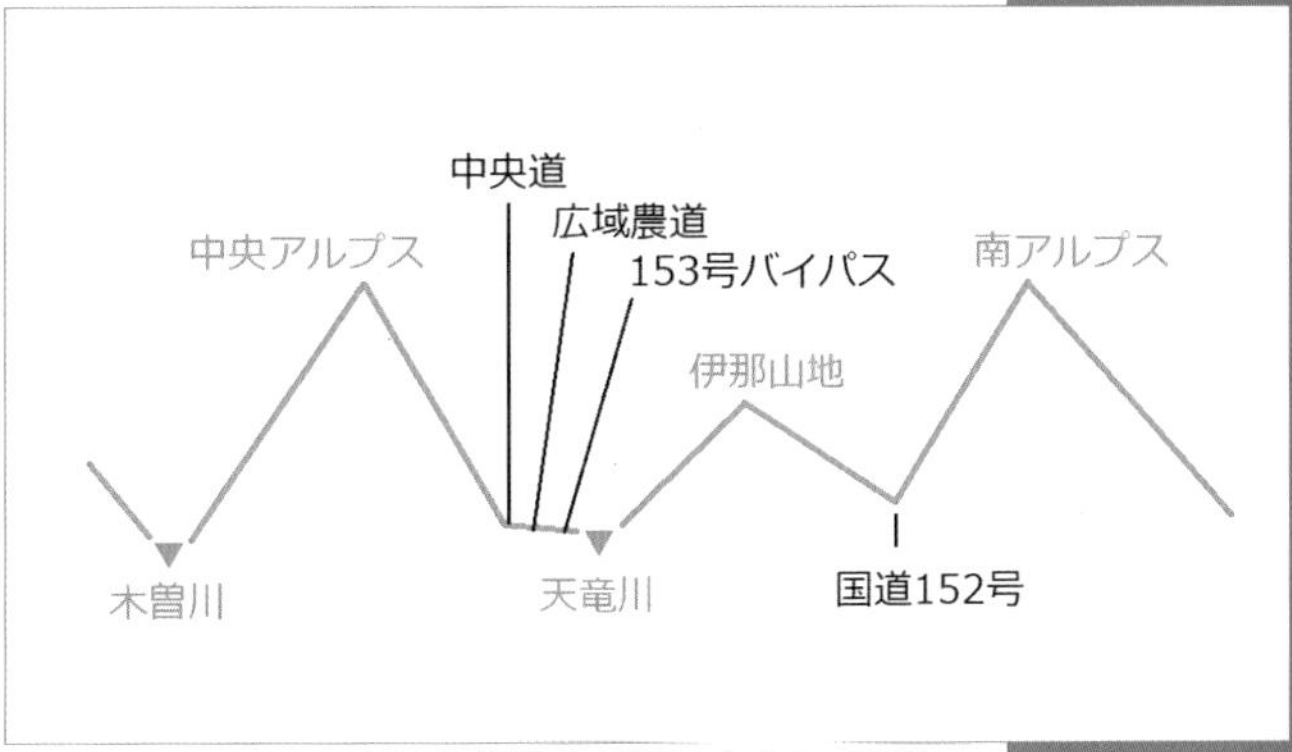

図 3.8 伊那谷の断面（イメージ図）

二つあります。地図３・７（95頁）をご覧ください。赤石岳と仙丈ヶ岳です。本書ではこの２座に注目します。

m20.2　（木曽）駒ヶ岳周辺（道の駅・田切の里から）

20 （木曽《きそ》）駒《こま》ヶ岳《がたけ》（2956m）と宝剣岳《ほうけんだけ》（2931m）

①どこから見るの？

車で出かけて一番簡単にゆっくり見られるのは「道の駅・田切の里」（写真m20・1）です。国道153号バイパスで駒ヶ根市に入る手前です。

②どう見えるの？

千畳敷《せんじょうじき》カールやその上に宝剣岳もわかります。（写真m20・2）

尖っているので標高は高くても雪はたまりません。黒っぽく尖っていることで宝剣岳だとわかります。ただし駒ヶ岳の頂上は伊那前岳《いなまえだけ》からの稜線に隠れて見えません。

拡大して見ると、千畳敷カールの端に駒ヶ岳ロープウェイの終点、「ホテル千畳敷」（写真m20・3）も見えます。2023年4月20日にリニューアルされたそうです。

雪のない時の様子が写真m20・4（2020年11月9日撮影）です。千畳敷カールの下の崩落地（崖）の様子もわかります。

m20.1　道の駅・田切の里

m20.3　千畳敷カール

m20.4　秋の木曽・駒ヶ岳

なお、伊那の人は木曽駒ヶ岳とは呼びません。単に駒ヶ岳、あるいは西駒ヶ岳（東駒ヶ岳が甲斐駒ヶ岳）です。ロープウェイも「駒ヶ岳ロープウェイ」で「木曽」は付きません。

国土地理院の地図表記も駒ヶ岳です。ただし駒ヶ岳と名の付く山は全国にたくさんあります。

中央アルプスは木曽と伊那を分ける稜線です。どちらか片方の地方名を使って「木曽山脈」とか「木曽駒ヶ岳」というのは失礼な話です。そういう面でも「中央アルプス」という表記はいいですね。

m21.1　道の駅・花の里いいじまからの中央アルプス

21 空木岳《うつぎだけ》と南駒ヶ岳《みなみこまがたけ》

（2864m）（2841m）

①どこから見るの?

広域農道の途中、飯島町《いいじままち》の「道の駅・花の里いいじま」です。ここは桜並木もあり、残雪の山と桜並木（写真m21・1）が美しいです。

山並みは、桜並木の北側からの方（写真m21・2）がよくわかります。

反対側の名古屋側から見た時、「中央アルプスは三つにくびれている」と書きましたが、その一番南側の山塊にあたります。

②どう見えるの?

右から、空木岳、少し手前に田切岳《たぎりだけ》、そして擂鉢窪《すりばちくぼ》をはさんで南駒ヶ岳、仙涯嶺《せんがいれい》。その左が越百山《こすもやま》と南越百山です。

空木岳には、「駒石」というランドマークがあります。「道の駅・花の里いいじま」からは見えにくいので、「道

m21.2　中央アルプス南部

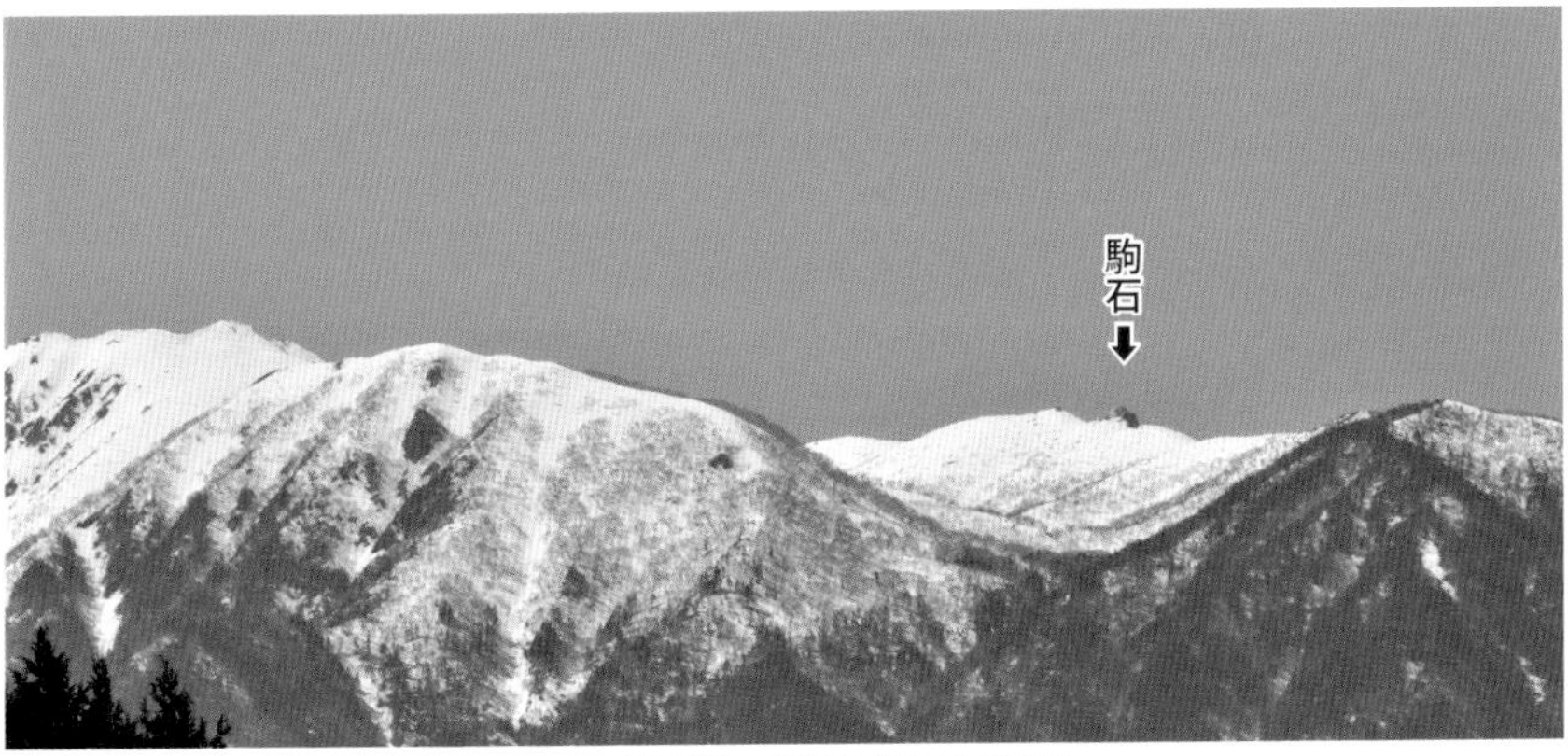

m21.3　道の駅・田切の里からの駒石

の駅・田切の里」から撮った写真ｍ21・3で紹介します。

標高２６８０ｍ付近、池山登山道の途中にある花崗岩の大岩（高さ30ｍ）です。

擂鉢窪（写真ｍ21・4）は千畳敷カールと同じく氷河の浸食です。その手前が百間《ひゃっけん》ナギです。「ナギ」とは崩落地のこと。駒ヶ岳と同じ様相です。

擂鉢窪には避難小屋があるのですが、小屋の前に亀裂が入ったということで現在は立入禁止になっています。

南駒ヶ岳は「雪形」が有名です。雪形とは残雪でできるカタチです。残雪の形が何かに見える「ポジ型」と溶けて黒くなった山肌が何かに見える「ネガ型」とがあります。

農作業を始めるタイミングになる

m21.4　擂鉢窪と百間ナギ

といわれていました。

ここで見えるのは「複合型」です。帽子とマフラーをした「ナポレオンの横顔」と、陣笠と羽織の「陣屋代官」です。わかるでしょうか？ 新しく命名された雪形だそうです。

写真m21・5は２０２１年４月23日の撮影、写真m21・6は同年5月25日の撮影です。ナポレオンの横顔は４月の方がわかりやすく、陣屋代官は5月の方がわかりやすいですね。

仙涯嶺の岩壁も迫力があります。ここをトラバースして越百山へ抜けるルートは、中央アルプス最大の難所です。「前岳」という別称もあったようですが、それでは迫力が伝わらないと思います。

越百《こすも》山《やま》というのは、言葉の響きがいいですね。「コスモ（cosmo）」というのはラテン語で「宇宙」を意味する接頭語だそうです。石油会社の名前にもマツダの車名にもありました。

飯島町には「越百園」という老人ホームもあります。漢字標記でもよい名前です。飯島町の与田切公園に「越百の水」という湧水もあります。おいしいです。

越百山については別途コラム（１１３頁）でも紹介します。

m21.5　南駒ヶ岳の雪形（４月）

m21.6　南駒ヶ岳の雪形（５月）

m22.1　道の駅・花の里いいじま付近からの赤石岳周辺

22 伊那谷《いなだに》から見る赤石岳《あかいしだけ》（3121m）

①どこから見るの？

広域農道「道の駅・花の里いいじま」付近です。飯島町は「二つのアルプスが見える町」としてアピールしています。西には中央アルプス、東には南アルプスが見えます。

②どう見えるの？

名古屋からだと赤石岳は聖岳と一緒に、遠山川《とおやまがわ》の窓から見えました。

赤石岳からは遠山川だけでなく、伊那谷へ注ぐ小渋川も流れています。赤石岳はその窓から見ることができます。（地図3・7参照）

道の駅の少し手前（南側）からの写真m22・1、m22・2です。雪を被っているのは左から塩見岳《しおみだけ》（3052

m22.2　赤石岳

m22.3　小渋川の途中から

m）、少し飛んで荒川岳《あらかわだけ》、そして赤石岳です。

名古屋から見えていた聖岳は、もう見えません。手前の大沢岳《おおさわだけ》、前茶臼山《まえちゃうすやま》にブロックされています。

写真m22・3（2019年6月11日撮影）は小渋川を遡って撮ったものです。赤石岳にはまだ雪が残っています。

伊那谷はリンゴやナシの産地でもあります。町内を走るとリンゴ畑越しの赤石岳（写真m22・4、2021年10月4日撮影）も見られます。

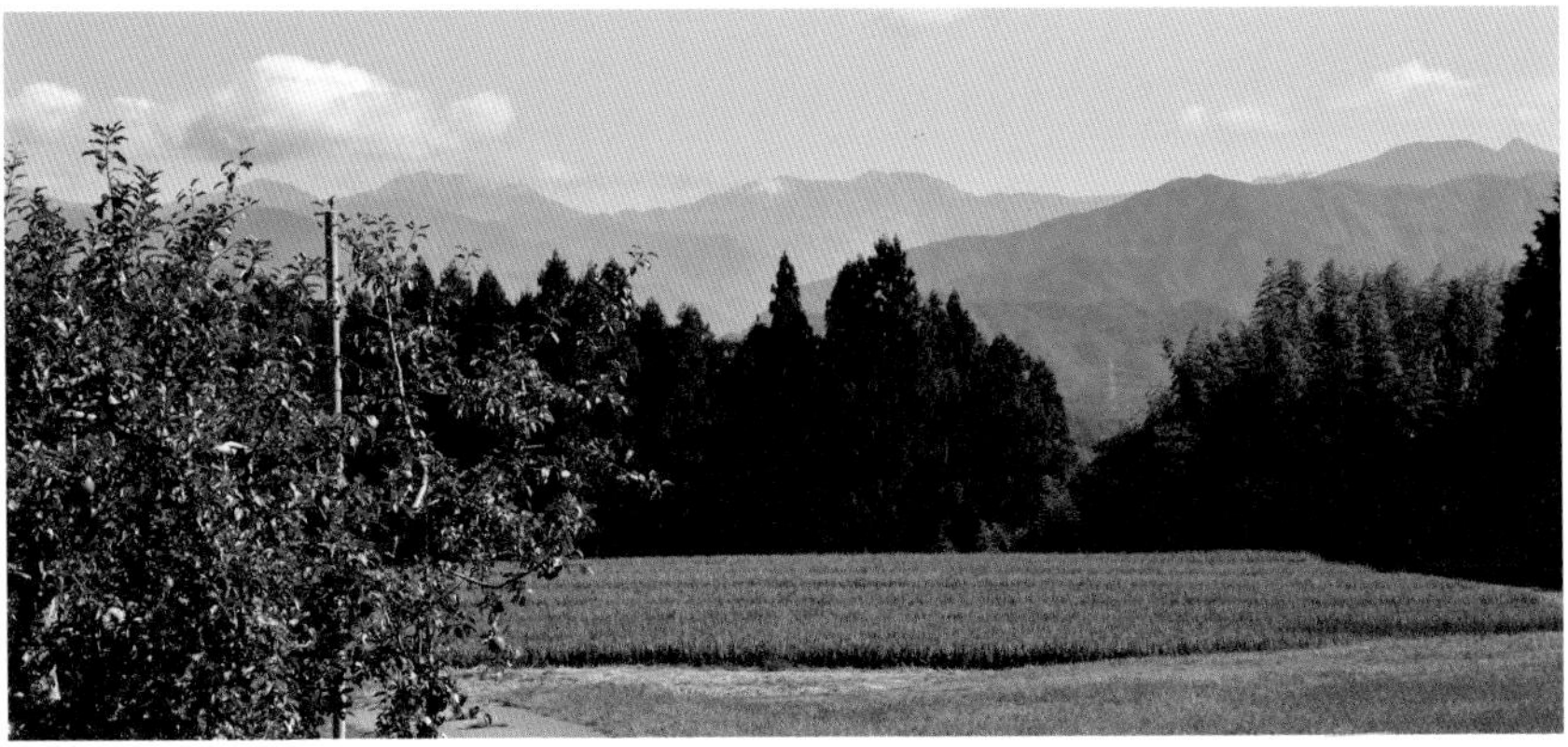

m22.4　中川村のリンゴ畑の横から

m23.1　光前寺からの仙丈ヶ岳

23 仙丈ヶ岳《せんじょうがだけ》（3033m）

①どこから見るの？

ベストポイントは駒ヶ根高原周辺です。仙丈ヶ岳は駒ヶ根市に向かって大きな窓があります。駒ヶ根高原は少し遠くで標高も高いのです。

②どう見えるの？

地図3・7に示したように、仙丈ヶ岳の西側は三峰川《みぶがわ》がその手前を折り返して流れ、さらにその手前を新宮川が駒ヶ根市に向かって流れています。そのため駒ヶ根市からは、「ものすごく幅広いU次型の窓」が見えます。これまで源流の山はV字谷の「窓」からきれいに見えると書いてきましたが、仙丈ヶ岳は一味違います。

写真m23・1は光前寺の前庭からです。U字型の大きな窓もハッキリわかります。写真の右側には北岳も見えます。

仙丈ヶ岳は「南アルプスの女王」と呼ばれています。背後に北岳を従え大きなU字型の玉座に鎮座している姿も、まさに女王にふさわしいですね。

写真m23・2（2023年4月3日撮影）は駒ヶ根高原の大沼湖からです。堤防には桜も咲いています。この時期、湖の周りの雑木林の湿地には、ミズバショウやザゼンソウ（写真m23・3、m23・4）も咲いています。春の観光のべ

m23.2　大沼湖からの仙丈ヶ岳

ストタイミングです。

さて本書の山の紹介はここで終わりです。23組に分けて紹介してきましたが「名古屋からはまったく見えない山」は富士山と仙丈ヶ岳の2座だけです。

他の山は遠くても（白山、赤石岳、聖岳など）、反対側からでも（中央アルプスの山々）、手前の山にジャマされても（恵那山、大川入山など）なんとか見ることはできました。でもこの2座は見えません。でも出かけて行ってでも見るべき価値がある山です。

m23.3　大沼湖のミズバショウ

m23.4　大沼湖のザゼンソウ

頭首工《とうしゅこう》と水路式水力発電

２０２２年５月17日、矢作川の頭首工（豊田市）で大規模な漏水事故が起こりました。

そこで初めて「頭首工」という言葉を知った人も多いのではないでしょうか。

取水施設の入り口、「頭の部分になる工作物」です。英語のhead workを直訳したのです。実物を知らないと「頭とか首が並んだおぞましい状況」を想像してしまいます。

現在では「ダム」「堰」「取水施設」という言葉が使われます。

明治時代は、西欧に追いつけとみな必死でした。またそれを成し遂げる能力もあったのです。

ほぼすべての学問分野の言葉を、意味も考えて日本語（漢字）に翻訳しました。この「意味も考えて」というところが古代日本の万葉仮名との違いですね。

２００８年ノーベル物理学賞を受賞した故・益川敏英さんは、

「私は英語が話せない。受賞したアイデアも日本語で考え日本語で表現できた」

と言っています。これは日本語の素晴らしい点ですが、副作用もありました。

発展途上国では、自国語ではなく英語が話せないと高等教育が受けられない。だからみな一生懸命勉強して英語が話せるようになるのだそうです。

日本語だけで事足りてしま

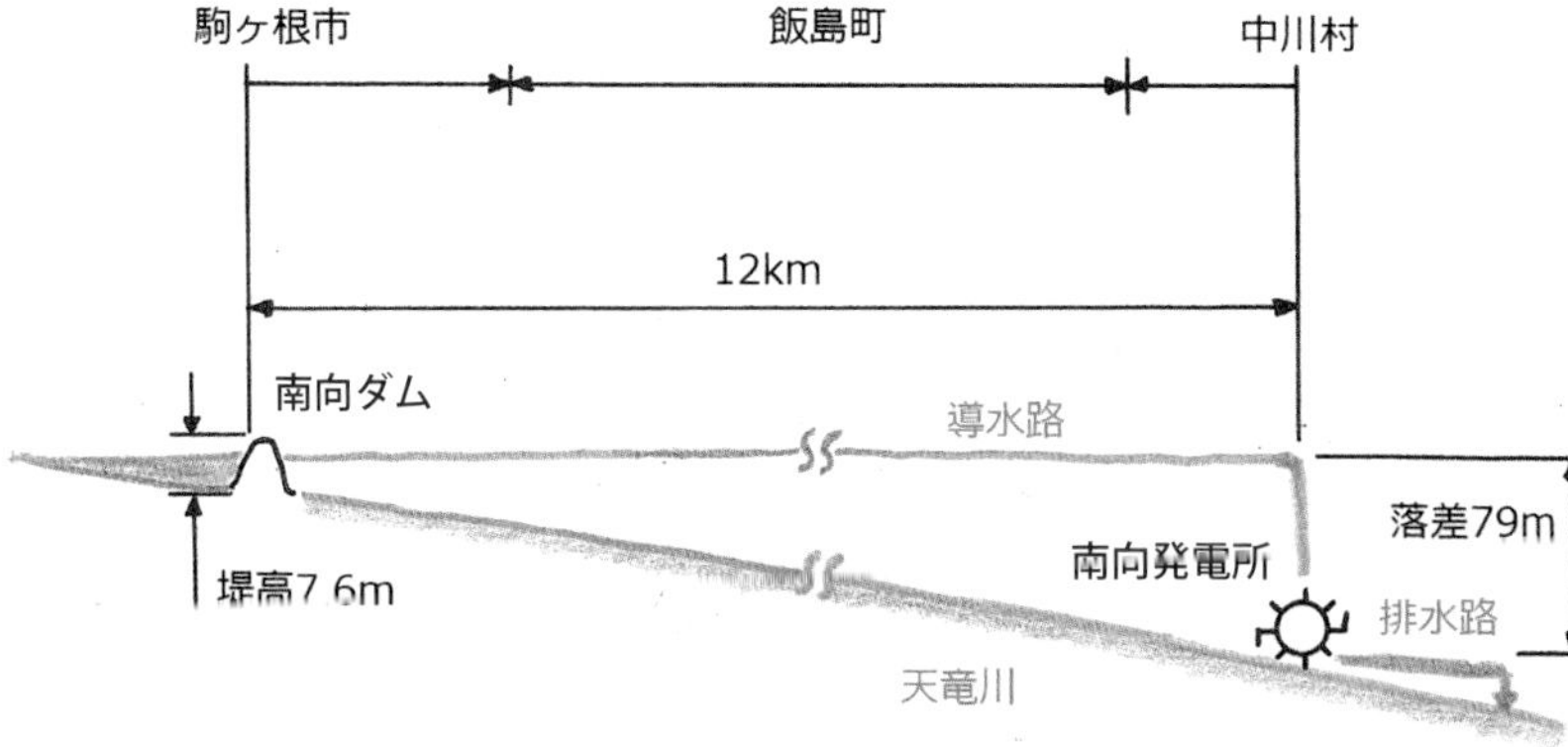

図 c8.1　水路式水力発電所の構成

c8.1　南向発電所

う日本人は、学校で何年勉強しても英語が話せない…（なんだ、オマエの言い訳かい！）

頭首工の話に戻ります。頭首工という言葉でダムが作られた時代は昭和初期までです。ダムの堤高は10m未満のものが多いです。

長野県・駒ヶ根市の天竜川には南《みな》向《かた》ダム（昭和2年完成）があります。

その堤高は7・6mなのですが、落差79mの水力発電をしています。堤高の10倍以上です。

どうしてそんなことができるのか？　図c8・1を見ればわかります。

川は下流に行くにつれて標高は下がっていきます。でもダムで貯めた水を山伝いに緩やかな傾斜の水路で下流まで持って行き、そこから落下させるのです。発電所までの水路は12㎞あります。もう駒ヶ根市から飯島町を越え中川村に入っています。

写真c8・1は南向発電所です。当時の電力王・福沢桃介（福沢諭吉の婿養子）が最後につくった発電所だそうです。建物が格調高いですね。

また発電後の排水路に沿ってイチョウ並木（写真c8．2）があり、その先で天竜川に流します。イチョウ並木からは、中央アルプス（南駒ヶ岳付近）が望めます。

南向発電所の方式を「水路式水力発電」といいます。

この方式は、どこでもできるわけではありません。

伊那谷でも天竜川の西側は緩やかな河岸段丘になっていて、水路で引っぱっても落差はできません。

天竜川の東側は川に山が迫っているので、うまく落差ができたのです。

c8.2　排水路沿いのイチョウ並木

水路式水力発電所は名古屋近郊にもあります。庄内川・定光寺駅近くの玉野水力発電所（大正10年完成）（写真ｃ８・３）です。

ダムはＪＲ定光寺駅の少し上流にあります。堤高８・８ｍ、水路長１・９㎞です。左端を流れてくるのが水路です。そして発電所での落差は16・９ｍです。当時の技術レベルがわかりますね。

c8.3　玉野水力発電所のダムと導水路

越百山《こすもやま》とロシア・ディアトロフ峠事件

ディアトロフ峠事件とは、1959年2月2日、ウラル山脈北部で雪山登山をしていた男女9人が不可解な死を遂げたという事件です。テントを内側から引き裂いて素足で外へ飛び出し、遺体に争った形跡はなかったが2体に頭がい骨損傷、2体は肋骨損傷、1体は眼球、舌を失っていたというものです。

原因として色々な説があるようですが、私は以下のベダード博士の説に注目しました。

「山頂の左右対称の円蓋のような形状も、またテントの場所から近いという点からも、カルマン渦の発生する条件がそろっていた」（ドニー・アイカー 安原和見訳『死に山 世界一不気味な遭難事故《ディアトロフ峠事件》の真相』河出書房新社）

そして、渦が生み出した超低周波音の影響でパニックや恐怖、呼吸困難が生じた、という説です。

風（渦）の通り道にテントを張ってしまったということになりますね。

事件とは関係ありませんが、思い出したのが、旧・越百小屋です。

かつて稜線の東側斜面にあったのですが、強風で何度も壊れるということで今は稜線の西側に移転しています。

中央アルプス稜線の東側の避難小屋（空木岳、擂鉢窪）は今もあります。旧・越百小屋は標高も一番低かったのですが、風の通り道のような場所であったかもしれませんね。

またその後の土砂災害で、東側からの登山道は閉鎖されてしまったので、西側に移転していたのは幸いでした。

広域農道で飯島町を通ると「シオジ平自然園」の標識が残っていますが、行くことはできません。

越百山と南越百山（左）

4 展望スポット一覧

展望スポットには広範囲を見渡せる「展望台・展望地」と、展望台ではないですが「特定の方向の山々ならよく見える場所」の２通りあります。図５・１にそれぞれの場所を載せています。

第２章で書いたように、山を見るのに一番やっかいな障害物は、「見たい山の手前にある山」です。

本書ではそれを避けるため、複数の展望スポットを使って全方向をカバーしています。

なお、本書で使わなかった展望スポットも合わせて載せてあります。

展望スポット一覧
①定光寺野外活動センター
②スカイワードあさひ
③東山スカイタワー
④中部電力 MIRAI TOWER
⑤スカイプロムナード
⑥名古屋都市センター
⑦名古屋港ポートビル
⑧滝の水公園
⑨オアシス館刈谷
⑩ツインアーチ 138
⑪リニモ
⑫愛知県森林公園
⑬東山１万歩コース
⑭稲葉山公園
⑮日光川河口
⑯笠寺公園
⑰天白川・菅田橋
⑱名古屋市野鳥観察館

図 5.1　展望スポット一覧

展望台・展望地

展望台にも色々なタイプがあります。

特徴をまとめると、

①屋外か屋内か?

写真を撮るならば屋外の方がいいです。ガラス窓がどうしても邪魔になります。また、屋外の公園なら日の出・日没の時間帯でも入れる場所もあります。

屋内なら風が強くても雨が降っても（雨なら見えないけど）大丈夫です。

②有料か無料か?

有料の場所の多くは屋内で、望遠鏡も設置してあります。

中には1000円を超える場所もあります。これは「山を見る」というより、「街を眺める」「夜景を見る」ことをメインにした場所です。

③テレビ望遠鏡

最近の屋内展望台には、これが設置されている場所が多いです。

従来の望遠鏡は一人でしか見られませんが、テレビ望遠鏡はみんなで画面を見られます。またズーム機能もあります。広い画面で目的の場所を見つけて画面の中心に置き、ズーム機能で拡大できるのです。話も盛り上がります。

以下、個別に展望台を紹介していきます。主に次のような写真を載せています。

・外観

・中の様子……望遠鏡が設置されていれば、それも写真に収めました。

・展望パネル……山名の表示が少ないと思う場所もありますが、そういう場合は本書を携えて見に行ってください。

展望台の詳しい営業時間、休業日、利用料金などは各施設にお問い合わせください。

テレビ望遠鏡

① 定光寺野外活動センター

定光寺自然休養林の中にあります。展望塔へは階段を6階分くらい登りますが、御嶽山、白山は下からも見えます。

長良川がこの方向に流れてくるので、白山の最高の展望地です。また北西方向の展望がよく、名古屋周辺で冠山が望める唯一の場所だと思います。東寄りなので中央アルプスは見えません。

①住所　〒 489-0007 愛知県瀬戸市鹿乗町 1231
②電話番号　0561-48-0770
③営業時間　9:00 ～ 16:00　［休業日］月曜日（10/1 から 3/31 まで）、年末年始
④アクセス　愛知環状鉄道・中水野駅から徒歩 24 分
⑤駐車場　あり（無料）　⑥利用料金　無料　⑦屋外

② スカイワードあさひ・展望室

尾張旭市の城山公園の中にあります。プラネタリウムや模擬天守閣も併設されています。白山がよく見えます。御嶽山が近場の山と重なってしまうのは残念です。

①住所　〒488-0883 愛知県尾張旭市城山町長池下4517-1
②電話番号　0561-52-1850
③営業時間　9:00～21:30　［休館日］年末年始
④アクセス　名鉄・旭前駅から徒歩約16分
⑤駐車場　あり（無料）　⑥利用料金　無料　⑦屋内

③ 東山スカイタワー

名古屋市の東山公園に隣接しています。山名を細かく表示した展示パネルが素晴らしいです。

立地条件で白山が高賀山と重なるのが残念です。

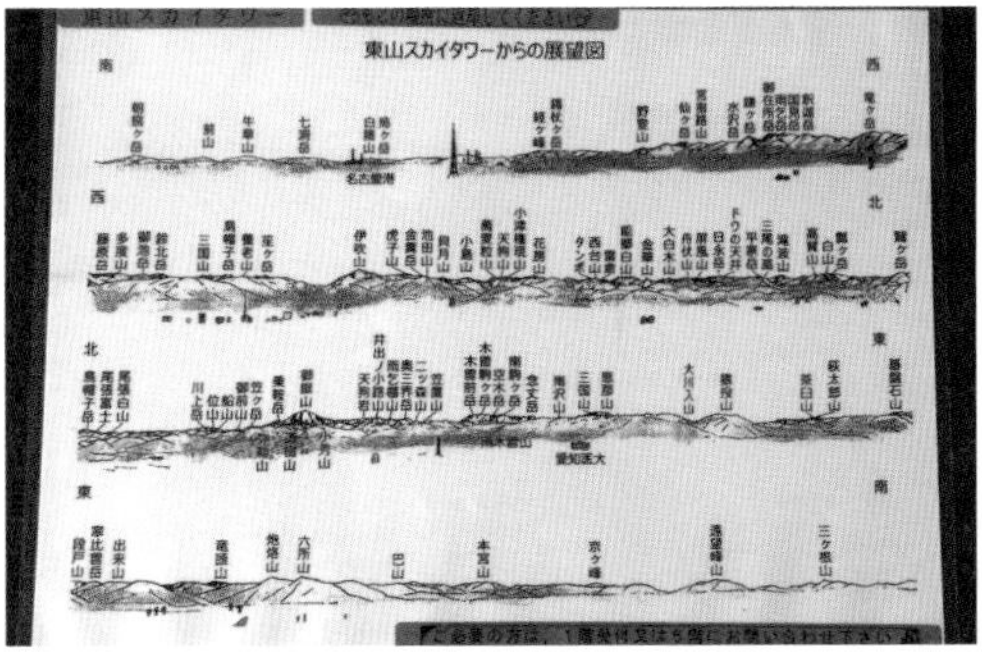

①住所　〒464-0803 愛知県名古屋市千種区田代町瓶杁 1-8
②電話番号　052-781-5586
③営業時間　9:00 ～ 21:30　［休館日］月曜日、年末年始
④アクセス　地下鉄・東山公園駅 3 番出口から徒歩約 15 分
⑤駐車場　あり（800 円）　⑥利用料金　大人 300 円　⑦屋内

④ 中部電力 MIRAI TOWER（旧・名古屋テレビ塔）

1954年開業の日本で最初の集約電波塔です。2022年、国の重要文化財となりました。展望室の中にも塔の鉄骨が入り込んでいます。屋外展望スペースは金網で囲まれているだけなので一興です。周囲に高層ビルが増えていますが、展望台としても、いまだ素晴らしいです

①住所　〒460-0003 愛知県名古屋市中区錦 3 丁目 6-15 先　②電話番号　052-971-8546
③営業時間　（平日・日）10:00 ～ 21:00、（土）10:00 ～ 21:40
④アクセス　地下鉄・久屋大通駅 4B 出口から徒歩約 3 分
⑤駐車場　近隣に一般有料駐車場あり　⑥利用料金　大人 1,300 円
⑦屋内／屋外（屋内にはテレビ望遠鏡あり）
※料金・時間ともにイベントにより変更の場合あり

⑤ミッドランドスクエア・スカイプロムナード

新しくて広い展望台です。東山スカイタワーの８km西になりますので、北方向の山の見え方が変わります。乗鞍岳、白山は見やすくなります。

①住所　〒450-0002 愛知県名古屋市中村区名駅 4-7-1　ミッドランド スクエア 44-46 階（スカイプロムナード入場口は 42 階）　②電話番号　052-527-8877
③営業時間　11:00~22:00（※季節により変更あり）
④アクセス　地下鉄・名古屋駅 6 番出口から徒歩約 1 分
⑤駐車場　あり（30 分ごとに 330 円）　⑥利用料金　大人 1,000 円　⑦屋外

⑥ 名古屋都市センター・11階 まちづくり広場

名古屋の町の成り立ちがわかる展示施設です。都心にある無料の展望スポットとしても貴重です。休憩スペースもあります。

東北東方向に猿投山と三国山が見えます。北斎の浮世絵・富嶽三十六景「尾州不二見原」の場所に近いです。晴れた冬の日であれば、猿投山と三国山の間に赤石岳が見えます。（89頁、コラム⑦参照）

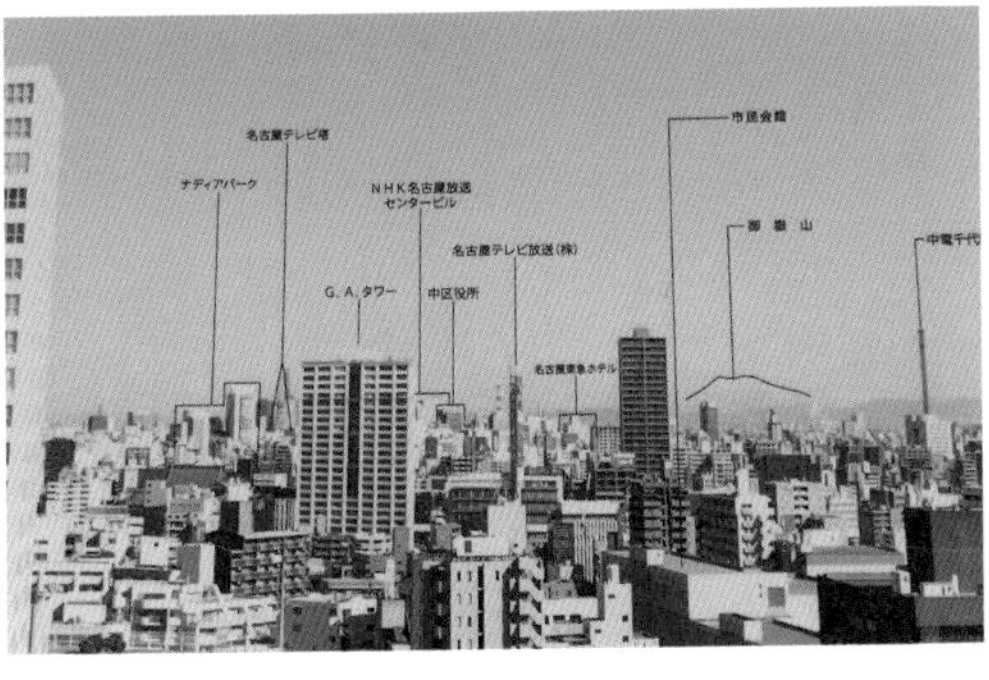

①住所　〒460-0023 愛知県名古屋市中区金山町1丁目1-1 金山南ビル内
②電話番号　052-678-2208
③営業時間　（火～金）10:00～18:00、（土・日・祝日・振替休日）10:00～17:00
［休館日］月曜日（祝日の場合は翌平日）、年末年始、第4木曜日（ライブラリーのみ）
④アクセス　（JR・名鉄・地下鉄）金山駅南口から徒歩約1分
⑤駐車場　地下に有料駐車場あり　⑥利用料金　無料　⑦屋内

⑦ 名古屋港ポートビル

名古屋港水族館の隣です。山岳展望については市内最高の立地です。鈴鹿セブンマウンテン（雨乞岳は御在所岳に隠れる）から右へグルっと南アルプス、焙烙山・六所山まで見られます。ただし近隣のビルで、能郷白山付近が隠れてしまうのが残念です。

水族館のイルカパフォーマンスも無料で見られますよ。すごく遠くの方からですが…。

①住所　〒455-0033 愛知県名古屋市港区港町 1-9
②電話番号　052-652-1111
③営業時間　展望室 9：30 ～ 17：00　［休館日］月曜日
④アクセス　地下鉄・名古屋港駅 3 番出口から徒歩約 5 分
⑤駐車場　近隣に一般有料駐車場あり　⑥利用料金　大人 300 円　⑦屋内

⑧ 滝の水公園

住宅街の中の小山ですが、ここも山岳展望には最高の立地です。「初日の出スポット」としても有名で、元旦は大混雑するそうです。でも普段は空いています。近隣の人の散歩コースで写真を撮っている人もまばらです。東の方の立地なので中央アルプスは見えにくいですが、南アルプスはバッチリです。

展望パネルは色褪《あ》せていますが、穴の開いた岩から覗くと特定の山が入るようになっています。ここはぜひ、本書を携えて見に行ってください。

①住所　〒458-0015 愛知県名古屋市緑区篠の風3丁目
②電話番号　—
③営業時間　年中無休
④アクセス　地下鉄・相生山駅2番出口から徒歩約17分
⑤駐車場　あり（無料、夜間閉鎖される場合あり）　⑥利用料金　無料　⑦屋外

⑨ 刈谷ハイウエイオアシス・オアシス館刈谷

刈谷ハイウェイオアシスの施設の一つです。

オアシス館2階北側のテラスからは、猿投山の右側に、中央アルプス、恵那山~大川入山~高嶺山までの稜線が途切れなく見られます。展望パネルはありません。

隣の観覧車に乗れば、鈴鹿セブンマウンテンから白山、御嶽山までグルっと見渡せます。

①住所　〒448-0007 愛知県刈谷市東境町吉野55番地
②電話番号　0566-35-0211
③営業時間　オアシス館刈谷 8:00 ～ 22:00
④アクセス　バス停（公共施設連絡バス）・刈谷ハイウェイオアシスより徒歩約1分
⑤駐車場　あり（無料）　⑥利用料金　無料　⑦屋外

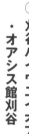

⑩ 国営木曽三川公園・ツインアーチ138

眺望は最高です。

カフェもあり、ゆったり過ごせます。

名古屋市市街地より約25km北になります。東方向の恵那山は三国山の左に見えるようになります。その一方、西側の鈴鹿山脈南部は養老山地と重なってしまいます。

①住所　〒491-0135 愛知県一宮市光明寺字浦崎 21-3　②電話番号　0586-51-7105
③営業時間　9:30 ～ 17:00 ［休館日］〈1・2・6 月〉毎週月曜日、〈3・4・5・7・9・10・11・12 月〉第 2 月曜日、〈8 月〉第 4 月曜日（祝日の場合は直後の平日）、年末年始
④アクセス　バス停（名鉄バス）・138 タワーパークより徒歩約 2 分
⑤駐車場　あり（無料）　⑥利用料金　大人 500 円　⑦屋内

⑪ リニモ（愛知高速交通・東部丘陵線）の車窓

走行エリアの標高、高架も高いです。芸大通駅の標高は９７・４ｍ、愛・地球博記念公園駅の標高は１５２・７ｍもあります。観覧車が縦に回る展望台なら、リニモは「横に走る展望台」といえます。

横方向の車窓はもちろんですが、無人運転で車両前方も窓ガラス一枚なので、進行方向もよく見えます。ただし駅のホーム横方向は二重にガラスで囲まれています。駅からより車窓からがお薦めです。

鈴鹿セブンマウンテン～白山、御嶽山まですべて見えます。立地的に中央アルプス、南アルプスは見えません。

地下鉄・藤が丘駅と愛知環状鉄道・八草駅の間８・９㎞を９駅で結んでいます。

特定の方向の山々ならよく見える場所

自宅の窓、会社のビルの窓、通勤途中や散歩コースなど、みなさんの生活環境の中でも、特定の方向の山々がよく見える場所があるのではないでしょうか？

高いビルならもちろんですが、地上でも広々とした場所、坂道の下り初め、堤防道路の上流・下流方向など。また高架の鉄道の車窓や高速道路の進行方向にもいい場所があります。

ここでは誰でも見られる公共の場所として7カ所を紹介します。

でも読者のみなさんも個人的に知っている場所はたくさんあると思います。

本書を読んで「いつもここから見えているのは○○山だったんだ！」って気がついていただければ本望です。

⑫ 愛知県森林公園・西側道路

愛知県森林公園の西側を走る道路です。森林公園南口の信号交差点が最高標高で、ここらか北に向かって下り坂になります。じきに道路正面に平家岳や能郷白山が見えてきます。

【住所】愛知県尾張旭市大字新居付近

⑬ 東山1万歩コース

東山動植物園の周りを周回する6・2㎞のハイキングコースです。見晴らしがいいのは、植物園の東側、案内看板に「富士見台」と書いてある場所です。

公共交通機関なら地下鉄・星ヶ丘駅が近いですが、階段の登りから始まります。車ならば植物園東駐車場の一番奥に車を停めれば、ゆるい坂道300歩くらいで富士見台へ行けます。

現地に富士見台という表示はないですが、そこしか眺望が開けていないので、すぐに分かります。

御嶽山から中央アルプス、三国山と猿投山、またその右側も開けていて焙烙山、六所山もわかります。写真の左側の矢印が御嶽山、右側が中央アルプスです。

【住所】愛知県名古屋市千種区天白町大字植田植田山付近

⑭ 稲葉山公園

住宅街の中の小山です。水色の手すりに沿って登るとすぐに展望場所に着きます。

御嶽山～奥三界岳（29頁、写真m4・3）がよく見えます。

南アルプスの赤石岳、聖岳（72頁、写真m14・3、m14・4）も住宅街の隙間から見えます。

【住所】愛知県名古屋市天白区植田1丁目
【アクセス】植田駅1番出口から徒歩約6分
【駐車場】公園北側に有料駐車場あり

⑮ 日光川河口

国道23号を弥富方面から東へ向かえば、車窓前方に御嶽山、中央アルプス、恵那山、大川入山（18頁、写真2・3）、そして南アルプスの赤石岳、聖岳（73頁、写真m14・5）まで見えます。そこをよく走る方ならば、年に何回も見ていることと思います。

国道沿いには車を停められないので、なんとか見つけた場所が日光川河口の堤防です。

対岸まで1kmあり、広々としています。西側は高架の名二環でさえぎられて見えません。

【住所】愛知県海部郡飛島村梅之郷東ノ割付近

【駐車場】梅之郷公園東側・道路沿いの駐車スペース。東へ徒歩5分（梅之郷北の信号を渡ると、堤防へ上がる道へ続きます）

⑯ 笠寺公園

名古屋市南部の高台の公園です。弥生時代の遺跡や戦時中の高射砲の台座なども残っています。北東方向の眺望が開けています。中央アルプスが見えます。

【住所】愛知県名古屋市南区見晴町

【アクセス】本笠寺駅出口から徒歩約10分

【駐車場】周辺に有料駐車場あり

⑰ 天白川・菅田橋南の堤防道路

天白川緑地の途中です。天白川が北東から流れてくるので、その方向の展望が開けています。

笠寺公園からの写真と比較すると、中央アルプス・空木岳周辺だとわかります。

【住所】愛知県名古屋市天白区天白町大字島田大下
【アクセス】地下鉄野並駅から1・8㎞、または天白町菅田バス停から500m

⑱ 名古屋市野鳥観察館前の遊歩道

観察館の前に藤前干潟が広がっています。干潮が近づくとシギ、チドリなどの水鳥がいっぱい集まります。

山岳展望としては鈴鹿セブンマウンテン・オンリーです。

【住所】愛知県名古屋市港区野跡4丁目（稲永公園内）
【アクセス】あおなみ線野跡駅から徒歩10分
【駐車場】無料

富士山が見える露天風呂は…？

旅先の露天風呂から富士山が見えると気持ちいいですよね。

でも逆に、富士山からも見られているのではないかと心配したことはありませんか？ この疑問について考えてみました。

①視力とは

どこまで小さな角度を識別できるかという基準です。

視力1というのは視直径60分の1度を識別できるということです。視力検査で使う「輪っかの切れ目」もそうなっています。

10円玉の大きさで例えれば、77m先の二つの10円玉を二つの点（ドット）として識別できるということになります。

②人の識別は

最近の監視カメラの画像処理で詳しく研究されています。ごく簡単にまとめると、

人の有無……かなり少ないドット数でできる。

個人の識別……顔だけで縦横ともに数十ドット必要になる。

③肉眼で人を識別

視力1の肉眼で個人の識別ができる距離は77mより短くなります。個人差はありますが40mとします。

これは街中の電柱の間隔（30~50m）、JRの車両（20m）の2両分になります。

④望遠鏡で個人を識別

倍率10倍ならば、10㎞先の人が1㎞先にいるように見えます。

三脚に固定して使うフィールドスコープは40倍です。この場合は1・6㎞（40×40）先の個人を識別できる計算です。

富士山頂から例えば山中湖までは13㎞離れています。心配しなくてもよいかな？

そもそも、そんなことを気にしない人の方が多いと思いますが。

5 本書で紹介した山の全体図

○数字が山の位置で、山の名前は第3章の紹介順と同じにしてあります。（○）の数字は、山脈全体を示します。

これだけ広い範囲の山を23組に絞りました。

そのため名古屋からスカイラインとして見える山に限定し、さらに源流の山、嫌でも（嫌でなくても）目に入る山のみにしています。

【本書で紹介した主な山】

①御嶽山
②乗鞍岳
③中央アルプス
④奥三界岳
⑤高賀山・瓢ヶ岳
⑥白山（加賀白山）
⑦平家岳
⑧能郷白山
⑨冠山・小津三山
⑩伊吹山
⑪養老山地
⑫鈴鹿セブンマウンテン
⑬三国山・猿投山
⑭聖岳
⑮焙烙山・六所山
⑯恵那山
⑰大川入山
⑱富士山
⑲南アルプス
⑳（木曽）駒ヶ岳
㉑空木岳・南駒ヶ岳
㉒赤石岳
㉓仙丈ヶ岳

本書で紹介した山の全体図

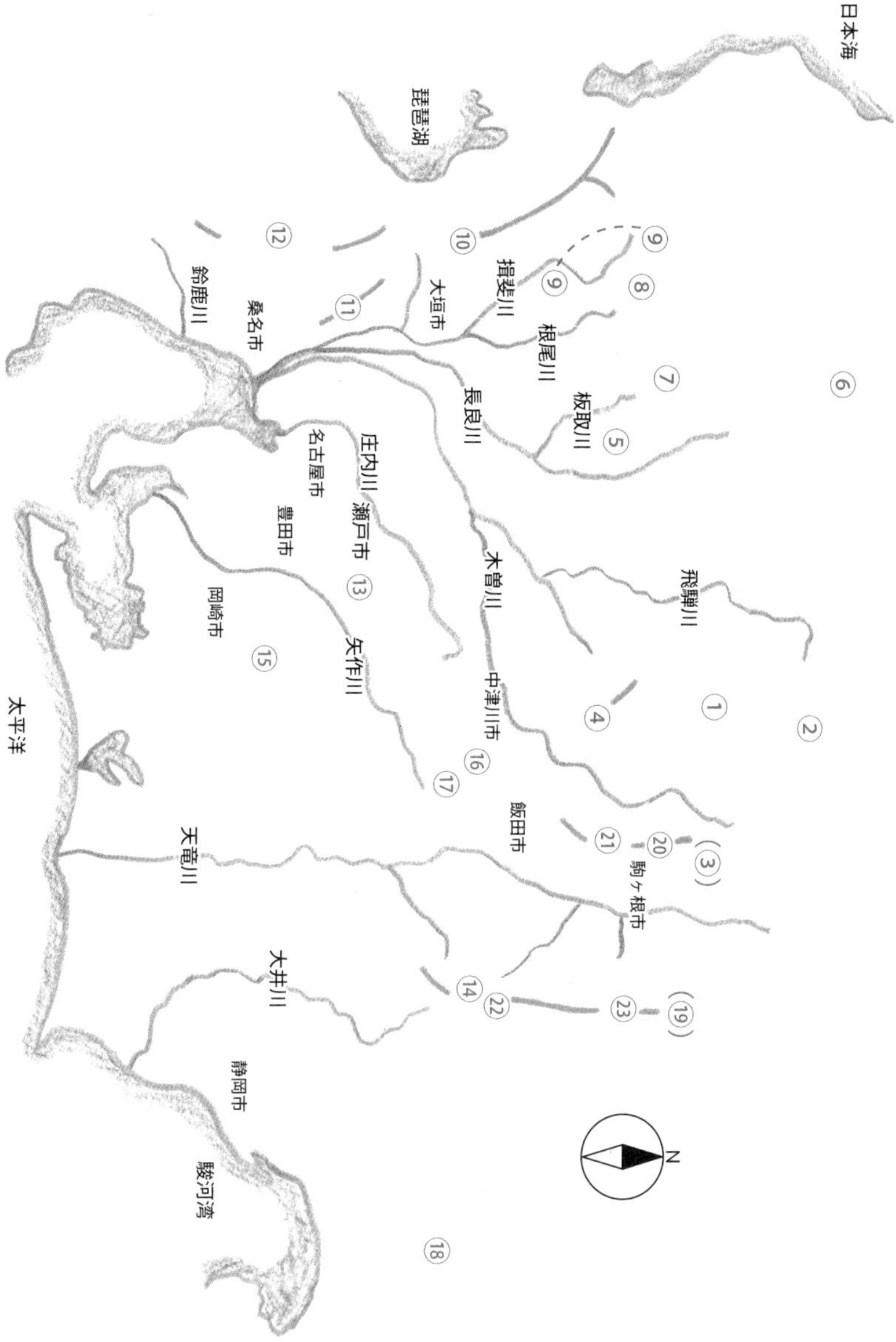

あとがき

最後までお読みいただきありがとうございます。

本書の第2章では山をきれいに見る方法として、
①源流の山を下流方向の「窓」から見ること
②遠くから見ること
という単純な方法を示しました。

第3章では、実際にその方法で山を見ていきました。

長年あちこち出かけて山河の風景を見てきましたが、「意識して」いないと「視界に入って」はいても、「見て」はいないものですね。

ある年、初めて赤石岳の前の小渋川のV字谷に気がつきました。そうすると能郷白山を見ても根尾川のV字谷が「見えて」きます。大井川上流にもV字谷があるので聖岳は静岡市市街地からも見えるはずだと思いました。確かにその通りでした。

全体で23組に絞って紹介してきましたが、一カ所で複数の山を紹介したり、同じ山が遠景と近景で二回出てきたりします。山の数は気にしないでください。

コラム⑦の北斎の浮世絵「尾州不二見原」についての考察は、実際に名古屋各所から聖岳を見て、南知多から富士山を見たからこそ書けたと思います。

第3章の応用問題のようなコラムです。蛇足ですが私はどちらの山も登ったことはありません。見ただけです。

また最近のスマホアプリも紹介しました。誰でも簡単に山名を調べられます。これは単純な景観であればすごく便利です。本書でも何カ所か使いました。でもややこしい景観だと、いっぱい山名が表示されてかえって混乱します。情報過多になったり、逆に抜け落ちたりします。それを整理して景観を楽しむためにも、本書がお役に立てれば幸いです。

最後に、登山家でも文筆家でもない私の文章をまとめていただいた編集担当の新家淑鎌様はじめ風媒社の皆様に感謝申し上げます。

令和6年　山笑　横田和憲

［著者略歴］
横田 和憲（よこた・かずのり）
1955年名古屋市生まれ。
名古屋大学工学部電気科卒。
自動車部品の開発に携わった後、陶芸工房「スタジオK2」開設（瀬戸市）。
90年代からアウトドアに興味を持ち、ログハウス造り、峠道巡り、川の源流を探ったり、カヌーで下ったり…。
名古屋周辺から南信州の山河が私のフィールドです。

名古屋からの山岳展望

2024年6月20日　第1刷発行　（定価はカバーに表示してあります）

著　者　　横田　和憲

発行者　　山口　章

発行所　名古屋市中区大須 1-16-29
電話 052-218-7808　FAX052-218-7709　風媒社《ふうばいしゃ》
http://www.fubaisha.com/

＊印刷・製本／シナノパブリッシングプレス　乱丁本・落丁本はお取り替えいたします。
ISBN978-4-8331-4317-2

風媒社の本

吉川幸一 編著
岐阜の山旅　飛騨
人気の山から、知られざる名峰まで。豊かな自然と悠久の歴史にめぐまれた「山の国」飛騨。さまざまな山歩きの醍醐味を味わえる飛騨地方の山々の魅力を伝えてくれるオールカラーガイド。
一五〇〇円＋税

全国登山口調査会 編
東海登山口情報300
東海エリアの登山口308箇所を網羅した待望のガイドブック。アクセスや道路状況、駐車場、トイレから通信状況、周辺施設、立ち寄り湯まで！ 登山計画に必携、必須の詳細情報を満載。
一八〇〇円＋税

坂本朝彦
60歳からの日本百名山
あわてず、急がず、楽しみながら、ゆったり登ろう百名山！ 定年を機に山登りを再開、仲間たちといっしょに始めた「百名山めぐり」。楽しさも苦労もわかち合い、完全踏破を成し遂げるための山行ガイド。
一八〇〇円＋税

日野東
東海トレッキングガイド
自然の絶景を堪能し、新緑の芽吹きにであい、花のやさしさにふれる…。初心者、家族連れから健脚トレッカーまで、それぞれに魅力あふれる厳選40コースを美しい写真とともに紹介する。
一六〇〇円＋税

田嶋直樹
中部北陸自然歩道を歩く
旧街道の石畳がつづく中山道、歴史のある町並みの高山や世界遺産の白川郷と五箇山、飛騨の山間や山中温泉の名湯…。今すぐ歩きたくなる岐阜県26コースはじめ、選りすぐったウォーキングガイド。
一六〇〇円＋税

宇佐美イワオ
ふれあいウォーク 東海自然歩道
手軽に楽しむウォーキングロードとして親しまれてきた東海自然歩道・愛知・岐阜・三重の全コース720キロを完全イラスト化し、所要時間、歩行距離、トイレの有無など、実際に歩いて集めた便利な情報を収録。
一三〇〇円＋税